Graz
Mur
GORIČKO
Ungarn
PREKMURJE
Pannonische
Tiefebene
Spielfeld
Lendava
Murska Sobota
Drau
Maribor
Mura
Lendava
Slovenj
Gradec
Muriša
SÜDSTEIERMARK
Jeruzalem
Ptuj
Ormož
ŠTAJERSKA
HALOZE
Čakovec
Celje
Rogaška Slatina
Drau
Šenčur
Laško
N
W
O
S
KOZJANSKO
Brežice
NJSKA
Save
Novo mesto
Samobor
Zagreb
Kroatien
BELA
AJINA
Kolpa
Karlovac
30
40
50 km

Gebrauchsanweisung für Slowenien

Aleš Šteger
mit Matthias Göritz

Gebrauchsanweisung für Slowenien

PIPER

Mehr über unsere Autorinnen, Autoren und Bücher:
www.piper.de

Wenn Ihnen dieses Buch gefallen hat, schreiben Sie uns unter Nennung des Titels »Gebrauchsanweisung für Slowenien« an empfehlungen@piper.de, und wir empfehlen Ihnen gerne vergleichbare Bücher.

Unser Versprechen für mehr Nachhaltigkeit
• Klimaneutrales Produkt
• FSC®-zertifiziertes Papier
• Hergestellt in Europa

FSC www.fsc.org MIX Papier aus verantwortungsvollen Quellen FSC® C083411

Die vorliegende deutsche Textfassung entstand unter Mitarbeit von Matthias Göritz.

ISBN 978-3-492-27750-1
2. Auflage 2022

Karte: Peter Palm, Berlin
Satz: Fotosatz Amann GmbH & Co KG, Memmingen
Gesetzt aus der Bembo und der Trade Gothic
Litho: Lorenz & Zeller, Inning am Ammersee
Druck und Bindung: CPI books GmbH, Leck
Printed in the EU

Für Maja und Taras,
mit denen ich das Herumflanieren
immer wieder aufs Neue entdecke

Inhalt

TEIL 1: ALLGEMEINES ÜBER DAS BESONDERE

11 Das Kleine, das Große und das Wenige: Zur Einleitung
15 Wer man in Slowenien zu sein meint und wer man sein möchte: Sprache und Identität
20 Die Slowenin, der Slowene
27 Von der slowenischen Zeitempfindung und wie man sich im Land bewegen sollte, um ewig zu bleiben: Mobilität
36 Was man glaubt, nicht zu glauben, doch trotzdem nicht umhinkommt zu glauben, sodass man es nicht glaubt: Religion
49 Wie man Feste feiert und warum es nichts Größeres gibt als eine zerstrittene Familie
55 Die Angst vor dem Schnupfen
61 Die Außenwelt der Innenwelt der Außenwelt: Geschäftslogik und Politik der Träume
70 Der Idiot, der Karneval und das Genie
76 Das sicherste Land in unserem Sonnensystem?

TEIL 2: VON DEN SINNEN

81 Essen und essen lassen
89 Trinken und sich betrinken
102 Kunst und Fluchen

110 Kreisverkehre und Volksmusik
114 Der Punk und seine Folgen
117 Fifty Shades of Green
119 Jugo-Nostalgie

TEIL 3: DIE LANDSCHAFTEN

123 Die Hügel
127 Der Wald
136 Die Berge
144 Das Wasser
152 Der Karst
162 Die Tiefebene
168 Das Meer

TEIL 4: DIE ORTE

177 Ljubljana
186 Maribor
190 Celje und Ptuj
196 Koper und Piran
202 Lendava und Murska Sobota
204 Velenje und Nova Gorica
208 Tolmin und Kobarid
211 Novo mesto und Kočevje
214 Kamnik und Slovenj Gradec
217 Bled und Škofja Loka
220 Trst/Triest und Celovec/Klagenfurt

223 Anstelle eines Endes, weil es ja kein Ende geben kann

TEIL 1: ALLGEMEINES ÜBER DAS BESONDERE

Das Kleine, das Große und das Wenige: Zur Einleitung

Sie lieben Berge? Sie möchten in die Berge? Fahren Sie nicht nach Slowenien. Fahren Sie lieber in die Schweiz, dort hat man Berge im Überfluss und dazu noch höhere. Sie wollen ans Meer? Nein, Slowenien ist dann auf keinen Fall eine gute Wahl, fahren Sie lieber nach Griechenland oder Kroatien, dort gibt es reichlich Meer, ja, und Inseln und Sandstrände gibt es dort auch. Sie lieben Religion? Fahren Sie nach Österreich, nach Bayern, dort trifft man den lieben Gott in jedem zweiten Satz, oder besuchen Sie den Vatikan, aber fahren Sie nicht nach Slowenien, bitte. Sie mögen Metropolen, lange Einkaufszeilen oder Boulevards, Sie lieben das Urbane und möchten nach – wohin? Sie werden enttäuscht sein, in Slowenien gibt es nicht einmal richtige Wolkenkratzer, und Leute, nun ja, Menschenansammlungen sind in Slowenien seltener als Safran. Leute gibt es in Slowenien zu wenige für jemanden, der Menschenansammlungen mag und nichts lieber tut, als sich durch die Menschenaufläufe der Ginza in Tokio, auf der

New Yorker 5th Avenue oder in der Londoner New Oxford Street zu zwängen. Sie werden fragen: Slowenien, ist das überhaupt ein Land? Ist es nicht eher eine Zumutung, einen kleinen Flecken von der Größe Los Angeles' einen Staat zu nennen, dazu noch ohne Päpste, Könige, Billionäre und ohne, dass zumindest ein historisches Stück von Shakespeare dort spielen würde oder wenigstens mal ein fetter Krieg von dem Land angezettelt worden wäre? Sie haben absolut recht: Diejenigen, die die große Welt lieben, die von Zahlen, langen Einkaufsmeilen, höchsten Stockwerken, schwindelerregender Statistik und unendlichen Stahlbetonmengen, vom Unzugänglichen und Unerreichbaren fasziniert sind, sollten das Land höchstens vom Café an der Autobahnraststätte aus erkunden, auf der kürzestmöglichen Durchreise.

Denn früher oder später wird es Ihnen passieren: Sie werden den kleinen Flecken mitten in Europa durchstreifen müssen. Das ist geradezu unumgänglich. Slowenien ist nämlich ein Land, das man ohne Weiteres übersieht, ganz umgehen kann man es aber kaum. Denn es liegt an einer europäischen Nahtstelle oder, wie es die Slowenen gerne von sich sagen, *we are the nation on the best location*. Nun, das schier unsichtbare Land hat in den letzten Jahrzehnten einiges von seiner Unsichtbarkeit eingebüßt. Noch immer ist es das Land, das weit oben erscheint, wenn Sie »sicheres Reiseland«, »problemloses Reisen mit Kindern« oder ähnliche angstgetriebene Suchoptionen bei Google eingeben, vor allem, wenn es um die geringe Zahl an Überfällen, Diebstählen, Entführungen oder Aggression im Straßenverkehr geht – ohne dass dahinter ein gewiefter Werbetrick des slowenischen Tourismusverbandes stecken würde. Es ist eben so – und hoffentlich bleibt es noch eine Zeit lang dabei.

Die Wahrheit ist eher: Nirgends findet man so viel Europa auf kleinstem Raum. Man muss nur behutsam und langsam genug den Kopf drehen und hinschauen. Denn die Perspektive, um das Land zu erfassen, beruht eher auf der Sicht eines Bonsaibeschneiders, eines Briefmarken- oder Schmetterlingsammlers, eines Dichters von kürzesten Versformen. Das kleine Detail steht für das meist nicht physisch vorhandene, sondern nur erträumte Große. Vielen genügt das nicht, sie fahren das ganze Land in zwölf bis höchstens 36 Stunden ab und glauben, schon alles erlebt und erkundet zu haben. Nein, so klein ist der Flecken der *nation on the best location* nun auch wieder nicht. Wenn man sich aber nicht eine gewisse metaphorische Lesekunst aneignen kann, die besagt, dass man beim Bereisen eines Landes nicht bloß das Gesehene, sondern auch das dabei Vermisste und Erträumte mitnehmen und erleben soll, dann ist man in Slowenien ohne Zweifel fehl am Platz.

Es ist gewöhnungsbedürftig: Man sieht die schneebedeckten Alpen, und schon ist man am Meer. Man fährt durch toskanaartige Weinhügelidyllen, und ganze zwanzig Minuten später ist man gefangen im eintönigen Horizont der Pannonischen Tiefebene.

Slowenien zeichnet sich durch die dynamische Intensität der größten Unterschiede auf kleinstem Raum aus, die jeden umhaut, der es nur anders kennt und bei sich zu Hause weit, weit verreisen muss, um dieses andere zu erfahren. Es ist ein Land für diejenigen, die die kleinen Unterschiede zu schätzen und zu lesen wissen, die im Detail nicht nur einen kläglichen Anfang sehen, sondern den versteckten Schlüssel, den nur mit Geduld und Aufmerksamkeit lesbaren Plan vom Ganzen.

Slowenien ist ein Land der kleinen, aber für die Einwohner überaus wichtigen Gegensätze, eine Anhäufung an

Mikrokosmen, eher eine Bienenwabe als ein Ameisenhaufen. Es kann durchaus ein Honigland sein, wenn man sich für den Zuckergenuss Zeit nimmt und die Zeit verfließen lässt, so wie es der Zeit angemessen ist – der Zeit und nicht uns, den Immer-mehr-und zu-viel-Wollenden.

Wer man in Slowenien zu sein meint und wer man sein möchte: Sprache und Identität

Man wird es ihm nie verzeihen, dem amerikanischen Präsidenten Bush, der 1998 bei einem Staatsbesuch Slowenien mit der Slowakei verwechselt hat, vor laufenden Kameras und im Beisein des slowenischen Regierungschefs. Auch Sarkozy wird man nicht verzeihen, Berlusconi und den vielen anderen, die es ihm nach- oder vorgemacht haben. Es mag schon stimmen, dass die zwei nicht weit voneinander entfernt liegenden Länder für das für slawische Sprachen ungeschulte Ohr ähnliche Namen tragen, ähnliche Fahnen haben, gar nicht so unterschiedliche Wappen in den Fahnen, dass sich auch die zwei südslawischen Sprachen in vieler Hinsicht ähneln, dass in beiden Ländern kein schlechtes Eishockey gespielt wird und Bier kein unbeliebtes Getränk ist, aber damit enden die Parallelen auch schon. Es ist ein Prüfstein, über den viele stolpern, mit dem man sich als Reisender etliche Plus- oder Minuspunkte holen kann. Wenn man jung ist – und Slowenien ist ein sehr junger Staat –, möchte man ernst genommen werden. In ein paar Jahrhunderten werden unsere Nachfahren über geschwänzte Geografiestunden der Besucher schmunzeln, heute ist man aber nach wie vor auf die eigene Selbstbehauptung und auf die Anerkennung durch die anderen aus.

Mit dreißig Jahren seit der Staatsgründung ist das Land zwar aus den Windeln raus, aber oft steckt es sich noch insgeheim den Schnuller in den Mund. Schreien tut es nicht oft, denn dazu ist es ein viel zu introvertiertes Wesen, das Frustrationen lieber mit sich herumträgt und sogar Formen gefunden hat, wie man sich mit Frust spielend die Zeit vertreiben kann. Eigentlich ist man in Slowenien ein freier Bürger in einem Land der Grenzen. Stellen Sie sich vor: Sie sitzen, patriotisch gestimmt, an einem großen runden Holztisch unter der historischen Linde, dem Nationalbaum der Slowenen, im geografischen Zentrum des Landes, Geoss genannt. Sie trinken ihren Kaffee aus, setzen sich ins Auto und fahren in eine x-beliebige Himmelsrichtung los. Falls Sie keine Panne haben und kein Stau ist, und falls nicht gerade aufgrund einer Pandemie die Grenzen abgeriegelt sind, wenn also alles mit einer gewissen Normalität verläuft, werden Sie nach einer zweistündigen Fahrt mit großer Gewissheit irgendwo sein, wo niemand mehr Ihre Sprache spricht, wo man keine Ahnung hat, wie Ihr Staatschef heißt, ob der 25. Juni ein Staatsfeiertag ist und wie man auf Slowenisch flucht. Man kann zu Fuß gehen oder mit dem Fahrrad fahren, man kann kriechen oder sich langsam voranwälzen – das Land wird dadurch kaum größer, als es die gut 20 000 Quadratkilometer hergeben.

Die Slowenen – viele unter ihnen stolz auf das Faktum, dass sie nie in der bislang bekannten Geschichte ihre Nachbarn angegriffen, einen Eroberungskrieg angezettelt oder geführt haben, in einer aus ausbeuterischem Kolonialismus gestrickten Welt überdauert haben nur mit Widerstand und Abwehrkampf, der eigenen Hartnäckigkeit vertrauend, der Gewieftheit und dem Stumpfsinn –, sie mussten sich etwas anderes zur Erweiterung des Landes ausdenken. Sie haben das Land nach innen ausgedehnt – in der Sprache, in den Mikroidentitäten und in den verschiedensten Umgangsformen, die sich in all den von Gott vergessenen kleinen Tälern und Hügeln Sloweniens durch die Jahrhunderte eingestellt haben.

Linguistisch gesehen ist die slowenische Sprache ein Festmahl. Die gut zwei Millionen Sprecher haben sich so viele Dialekte ersprochen, dass Slowenisch unter allen slawischen Sprachen die dialektal am dichtesten gegliedertste ist. Jedes Kaff hat seinen eigenen Dialekt, die Sprache teilt sich in acht Dialektgruppen und in über dreißig Hauptdialekte auf, und wenn ein Film im östlichen Prekmurjedialekt läuft, dann wird er selbstverständlich im Rest des Landes mit Untertiteln gezeigt. Auf der einen Seite hat das Slowenische, das seit dem neunten Jahrhundert, also viel früher als zum Beispiel das Russische, eine Schriftsprache ist, einige linguistische Spezialitäten beibehalten, die aus anderen Sprachen meist zum Zweck der Vereinfachung verbannt wurden. Allen voran den Dual, eine besondere grammatikalische Form für zwei. Man könnte daher das Slowenische schnell zu einer Sprache der Liebe oder wenigstens der Intimität küren, einer Sprache, die das Zweisein in ihrer Grammatik demonstrativ vor sich herträgt und preist, wäre nicht die Anzahl an Personen, die man üblicherweise benötigt, um eine dritte zu zeugen, auch die, die mindestens notwendig ist, um einen Zwist anzuzetteln. Deshalb unterlassen wir lieber die sich anbietende Heroisierung des Duals im Slowenischen, der eine Seltenheit unter den indoeuropäischen Sprachen darstellt. Auf der anderen Seite kennt das Arabische auch einen Dual, viele Sprachen aus dem pazifischen Raum haben neben dem Dual noch zusätzliche grammatikalische Zahlformen, und das Chinesische kommt ohne all das aus.

Es bleibt aber festzuhalten, dass es in schwierigen Zeiten, in denen nicht klar war, ob das Slowenische und die Slowenen historisch Bestand haben würden, die slowenische Sprache war, in die man flüchtete, sei es im Gebet oder im Volkslied, im Revoltieren oder indem man sich zu dem einen oder anderen bekannte. Wenn man sich die Lage der Sorben und der Slowenen Ende des 17. Jahrhunderts anschaut, ihre Bevölkerungszahl, das Territorium, das sie besiedelten, das Buchwesen und Kulturleben vergleicht, dann zeigen sich zu diesem Zeitpunkt viele Parallelen. Heutzutage nicht mehr. Kulturen sterben aus, und die Slowenen werden heute von klein auf in der Idee erzogen, dass sie als kulturelle Entität aufgrund ihrer Sprache überlebt haben. Aus diesem Glauben heraus entwickelten sich viele Besonderheiten der Slowenen, zum Beispiel ein romantischer Dichterkult, nach Dichtern benannte Partisanengruppen im Abwehrkampf im Zweiten Weltkrieg, ein arbeitsfreier Kulturnationalfeiertag am 8. Februar, dem Todestag des Nationaldichters Prešeren, wohl die dichteste Dichte an Lyrikschreibenden (leider weniger Lyriklesenden) in Europa und Gesetzesverordnungen, die die slowenische Sprache im öffentlichen Gebrauch, vor allem an Schulen und Universitäten, schützen sollen.

Das Slowenische ist unter den slawischen Sprachen eine besonders sanfte und melodische, mit einem Hauch von Dante-Italienisch und der Kantigkeit des Deutschen durchzogene. Lange Zeit war es die Sprache mit den wenigsten Sprechern, für die Microsoft seine Produkte herstellen ließ, und der Ortstafelturm im österreichischen Kärnten, der im

Jahr 1972 gewalttätig entfernt wurde, die Beschmierung von slowenischen Ortstafeln im ethnisch gemischten Gebiet und schließlich die Wiederaufstellung des Ortstafelturms vierzig Jahre später zeigen, wie Sprachgebrauch und Regulierung bis in unseren europäischen Alltag wichtige Instrumente der Politik bleiben.

Die Sprache ist für die Slowenen wie eine zweite Haut, und wenn man keine Schlange ist, ist es schwer, sich zu häuten. Die Sprache ist die Grenze der Slowenen. Daher schauen wir am Ende dieses womöglich für den einen oder anderen Leser viel zu übertriebenen Hohelieds auf das nicht selbstverständlich Alltägliche vor allem auf die Sprache, auf ein slowenisches Wort. Nicht das für den touristischen Gebrauch praktische *hvala* (»danke«) oder das lebendigste und universelle *živijo (zhivijo)*, das als informelles Grußwort wie auch beim Anstoßen gut einsetzbar ist. Nein, werfen wir einen Blick auf das slowenische Wort für »Grenze«, *meja. Meja* hat sein etymologisches Echo in der Mitte, das deutsche »mittig« ist mit ihm verwandt. Die Augen gingen mir aber vor ein paar Jahren auf, als ich bei einem Bauern aus Vipava hörte, er gehe *in die Grenze*. Wie geht man in die Grenze, fragte ich. In die Grenze, *v mejo*, sagte er erneut und zeigte auf den Wald. Dass *Grenze* und *Wald* eben dort, wo das Besiedelte aufhört, in ein und demselben Wort übereinstimmen und damit ein unpräzises Territorium, wo die andere, grünere und luftigere Welt beginnt, bezeichnen, freute mich und machte meinen von Grenzen in den Köpfen der Slowenen umzäunten Alltag viel erträglicher und entspannter.

Die Slowenin, der Slowene

Der Slowene, die Slowenin – falls es ihn oder sie überhaupt gibt – ist bestenfalls ein(e) Scheinheilige(r). Slowenen sind meist pflichtbewusst, vor allem, wenn es darum geht, das System, die Gesetze, den Chef legal auszutricksen. Wir arbeiten, rühmen uns gern der eigenen Arbeit und verstehen als Teil dieser Arbeit auch das Jammern über das Arbeiten. Der Slowene / die Slowenin trinkt, ohne jemals zuzugeben, dass es ihm oder ihr schadet. Er beziehungsweise sie feiert gern, um dabei heftig mit anderen in Streit geraten zu können. Vor allem in der Familie ist das ein beliebter Sport, und es gibt nichts Größeres und Wichtigeres für einen Slowenen, für eine Slowenin als die Familie, auch wenn er oder sie es nie so offen zeigen würde wie ein Italiener oder eine Griechin.

Er flucht – aber meistens auf Serbisch oder Englisch, slowenische Flüche kennt er fast keine, zumindest keine deftigen; dafür hat er eine Doppelmoral verinnerlicht, die ihn untertänig und hochnäsig zugleich erscheinen lässt. Dem

Balkan und dem Ostblock gegenüber fühlt er sich überlegen, obwohl sich ein solches Gefühl nicht aus Realität speist, sondern aus Vorurteilen. Und ebenso wird er schnell still, wenn der Westen spricht. Oder er wiederholt brav, was eben gerade gesagt wurde. Das Hauptziel ist, wenig vom Eigenen nach außen dringen zu lassen, der Welt nichts Schlechtes über sich zu verkünden, strahlend und zugleich verkannt dazustehen, ohne Grund und Effekt. Das verleiht ihm eine gewisse Steifheit und Verkrampftheit im Umgang mit Fremden. Er leidet unter dem Druck, immer einen Besseren vorspielen zu müssen, obwohl er eigentlich nicht weiß, wozu und warum. Es ist dieser Drang in ihm, ein Besserer als er selbst zu sein. Eine unerfüllbare Aufgabe, die ihn oft ratlos und fremd an der Seite stehen lässt. Er ist der geborene Außenseiter im eigenen Land.

Deshalb verreist er so gerne und so oft er nur kann. Anderswo wird er zum fröhlichen Menschen, zum Weltenbummler, wissbegierig, innovativ und schlau. Wo immer Sie in der Welt hinreisen sollten, Sie werden nicht weniger als einen (aber auch kaum mehr als zwei) Slowenen antreffen. Ich habe Slowenen auf dem Machu Picchu sprechen gehört, auf Feldern nahe Sapporo und in Tungusien. Auch die touristischen Daten sprechen dafür, im Durchschnitt reist der Slowene öfter und weiter als andere Mitteleuropäer. Er muss reisen, denn er ist auf der Flucht. Und gerade diese Flucht macht seine Existenz im eigenen Land nicht nur ertragbar, sondern ab und zu sogar zu einem Genuss. Bei offener Käfigtür bleibt er lieber freiwillig eingesperrt zu Hause, erkennt die Schönheit, die ihn umgibt, genauer und lernt sie zu schätzen.

Was wir Slowenen im Vergleich zu anderen slawischen Brüdern und Schwestern nicht mögen, sind Verkleinerungsformen. Die russischen und polnischen Verniedlichungen der brutalen Realität haben nie den Weg in die slowenische Sprache gefunden. Man ist klein, man betont es immer wieder, auch wenn es unangebracht und unnötig ist. Wenn man auf den Straßen Ljubljanas den Fremdenführern zuhört, ist jedes zweite Wort *small, smaller, smallest*. Man will es also selbst erledigen, allen im Voraus sagen, okay, hier haben Sie es nicht mit einem Schwergewichtler zu tun, das ist kein Land mit achtstelliger Einwohnerzahl – aber bitte sehr, zeigen Sie Respekt und machen Sie das Ganze nicht noch peinlicher, als es ist. Also keine Diminutive, kein zusätzliches Verkleinerungs-Origami und keine Verniedlichung im Sprachgebrauch. Denn für Verkleinerungen ist man dann doch wieder zu stolz und bemüht sich, alles so herzurichten, wie die ganz Großen es tun.

Zugleich ist die Seelenrezeptur, die der Slowene in sich trägt, nicht logisch flach zugeschnitten wie beim südlichen Nachbarn und noch weniger so barock verschnörkelt wie beim nördlichen.

Die Portugiesen kennen Saudade, in Brasilien gibt es diesem Gefühlszustand zu Ehren sogar einen Feiertag. Die Deutschen kennen von der Romantik her hoch gepriesene Sehnsuchtsgefühle, und es bedurfte eines Schweizer Doktors, um den Nostalgiebegriff zu schmieden. Alle bezeichnen besondere Seelenzustände, ganz eigene Formen eines melancholischen Zustands der Nichtganzheit, der Unerfüllbarkeit.

Ähnlich ist es bei den Slowenen, die sich ihren Seeleninnenraum durch das *Hrepenenje*-Gefühl ins Unermessliche erweitert haben. Denjenigen, die *hrepenenje* fühlen, schwebt ein schwer oder ganz unerfüllbares Konkretes vor Augen, das aber nur um ein viel tieferes Ungenügen kreist. Am besten, man liest den slowenischen Prosagroßmeister Ivan Cankar, in dessen Werk es vom *Hrepenenje*-Gefühl des Unerreichbaren nur so wimmelt. Die Interpreten haben sich lange damit auseinandergesetzt, ob *hrepenenje* in den Romanen, Dramen und Prosaskizzen Ivan Cankars eher ein körperliches Verlangen ist, den Gefühlszustand eines heimlich Gottsuchenden bezeichnet oder gar ein soziale Befreiung anpeilendes Gefühl ist. Dass man es nicht festmachen kann, ist schon der erste geglückte Versuch, die *hrepenenje* der Slowenen zu verstehen, also zu verstehen, dass man nicht alles verstehen kann. Man kann ihn auch nicht restlos verstehen, denn der Slowene, so gewieft und in sich verbissen er auch sein mag, versteht sich selbst nicht. Wenigstens nicht ganz. Das Ganze ist nie vor seinen Augen ausgebreitet, in seiner Seele bleibt immer etwas verhüllt, ein Gefühl der eigenen Unzulänglichkeit in der Welt und im Kosmos, das ihn in diese *hrepenenje* zurückzieht.

Wenn er aus dem Käfig der *hrepenenje* ausbricht, dann sieht er vor sich eine Welt, die ihn nicht unbedingt bemerkt. Das will er ändern, was er oft außerordentlich tollpatschig anstellt, denn er stellt nicht das zur Schau, was er ist und was er kann, sondern eher sein Gefühl der eigenen Unzulänglichkeit.

Nehmen wir zum Beispiel die Heuharfe. Heuharfen, aus Holz gezimmerte und überdachte traditionelle Einrichtungen zum Heutrocknen, findet man nicht nur in Slowenien, doch prägen sie woanders kaum so markant das Landschaftsbild wie im nordwestlichen Landesteil. Die Slowenen lieben ihre Heuharfen, man fühlt sich zu Hause, wenn man, aus dem Auto blickend, die Alpen durch die Heuharfen hindurch wie auf Notenlinien wahrnimmt, als wollte die Landschaft nun sagen, dass sie nichts anderes als eine Symphonie ist. In den frühen Neunzigerjahren des vergangenen Jahrhunderts, als Slowenien als selbstständiger Staat aus Jugoslawien hervorging und man versuchte, die internationale Sichtbarkeit des Landes zu erhöhen, verschickte man ein paar dieser Heuharfen ins Ausland. So kam es dazu, dass eine von ihnen auch unweit der britischen Houses of Parliament in Victoria Tower Gardens aufgestellt wurde und mit der traditionellen Süßspeise Potizza, die von trachtengekleideten Slowenen verteilt und von slowenischer Volksmusik begleitet wurde, für Verblüffung bei den Einwohnern Westminsters und den vorbeigehenden Touristen sorgte. Heute sieht man das Objekt, das das neu gegründete Land Slowenien auf der Weltkarte platzieren sollte, im botanischen Garten in Cambridge stehen, wo es auch gut hinpasst.

Mit der eigenen Unsichtbarkeit ringen wir Slowenen noch immer. Die richtigen Verse beziehungsweise Slogans sollten dabei behilflich sein. Dem einst auch im zerfallenden Jugoslawien politisch wackeren »Slowenien, mein Land«-Slogan, der durch den unter den Menschen sehr beliebten Landesslogan »Auf der sonnigen Seite der Alpen« ausgewechselt wurde, folgte vor einigen Jahren der Globalisierungsslogan »I feel sLOVEnia«. Man möchte also *Liebe* signalisieren (aber auch nicht zu viel) und was man dabei fühlt. *Hrepenenje* hat da keinen Platz, ist zu ungreifbar, zu wenig aggressiv, zu sophistisch für Plakatwerbung und die Tourismusindustrie.

Seit jeher waren die Slowenen ein Völkchen außergewöhnlicher Charaktere, von der Bora in alle Ecken der Welt verweht. Nehmen wir nur das letzte Jahrhundert. Meist kennt man Slowenen als Mitläufer an der Seite von beliebten und auch weniger beliebten historischen Figuren; ich meine jetzt nicht nur Melania Trump an der Seite von Donald oder den jugoslawischen Chefideologen Edvard Kardelj an der Seite Titos (der mütterlicherseits auch Slowene war). Slowenen waren immer wieder Konstrukteure,

Künstler, Sportler, Erfinder und Erbauer, Menschen, die ihre Imagination mit Ehrgeiz und harter Arbeit verbanden. Der Architekt Viktor Sulčič, der das Stadion der Boca Juniors in Buenos Aires baute, der Architekt Jože Plečnik, der den Burgkomplex von Prag für Masaryk umgestaltete, der Maler Zoran Mušič, der im Grand Palais ausstellte, der Komponist Hugo Wolf aus Slovenj Gradec, der Philosoph Slavoj Žižek, der all seine Bücher und Kommentare angeblich nur mit den beiden Zeigefingern tippte, der Maler Jurij Šubic der beim Archäologen Schliemann zeichnete, Peter Zobeč, der Winnetou filmte, der Neoavantgardekünstler Dragan Živadinov, der die weltweit erste Performance im schwerelosen Raum aufführte, der Lyriker Tomaž Šalamun, der seinerzeit wohl am meisten übersetzte europäische Dichter in den USA, der Fotograf Stojan Kerbler, der mit Inge Morath tanzte, die Band Laibach bei ihrem Auftritt in Nordkorea, die Pianistin Dubravka Tomšič Srebotnjak bei Arthur Rubinstein, das Basketballgenie Luka Dončić, das für Dallas das Spiel macht, Tina Maze, die nach ihrer Karriere als Skifahrerin Gedichte schreibt, der Erfinder Peter Florjančič, der unter seinen 400 Patenten auch den Rahmen für Diapositive sein Eigen nennt, den Airbag und das Parfümpümpchen erfand, der Präsident der UEFA Aleksander Čeferin, der den Streit mit Agnelli um die Zukunft des europäischen Fußballs vorläufig gewann, Martin Kušej, der acht Jahre Intendant des Bayerischen Staatsschauspiels in München war und seit 2019 das Burgtheater in Wien leitet, Tomaž Pandur, der am Teatro Español Kultvorstellungen machte – die Liste ist lang.

Zugleich sind die Slowenen, die es im Ausland geschafft haben, in Slowenien oft nicht wirklich Teil des Betriebs und werden nur unter Vorbehalt angenommen. Der Slowene bewahrt sein Territorium, auch vor dem Slowenen aus dem Ausland, er bewahrt seine eigenen Hierarchien, seine eigenen Präferenzen, man kann noch so viel im Ausland bewirken, zu Hause bedeutet das wenig. Das erzeugt eine ganz eigene Dynamik zwischen den Slowenen im Ausland und den Daheimgebliebenen. Im Vergleich zu anderen Ländern, wo Emigration ein wichtiger Stimulus fürs Land ist, ist das in Slowenien nicht der Fall.

Von der slowenischen Zeitempfindung und wie man sich im Land bewegen sollte, um ewig zu bleiben: Mobilität

Man würde nichts anderes erwarten, als dass ganz Slowenien in einer Zeitzone liegt, in der sogenannten CET, der *Central European Time*. In Wahrheit aber empfindet man sich zeitlich als nicht ganz zentral, man ist immer einen halben Tag zurück hinter der großen, als ideal wahrgenommenen, fortschrittlichen westlichen Welt. Die Uhren ticken gleich, es ist im selben Moment halb zwölf wie in Berlin, Rom oder Paris, aber trotzdem fühlt man sich ein wenig dahinter, wird man ja erst gegen Abend bei der Abendschau oder beim Durchscrollen durch die Newsportale erfahren, was heute wirklich passiert ist.

Viele meinen, dass man, wenn schon nicht zeitlich, dann wenigstens geografisch mittendrin ist in Europa; in Wahrheit aber empfindet man sich als Außenposten, irgendwo an den Außengrenzen Europas angesiedelt, und kann sich kaum vorstellen, wie weit außerhalb Europas sich die Balten, die Portugiesen oder gar die Griechen fühlen müssen. Man ist bestenfalls im ersten Ring um das sogenannte

Kerneuropa eingeschlossen, wobei es ungewiss ist, ob es sich dabei um eine Anspielung auf Dantes Hölle oder auf seinen Himmel handelt. Man fühlt sich als Randland spätestens seit den Einfällen der Türken im 15. und 16. Jahrhundert, man war tiefe Provinz und weit weg von Wien, bis Mitte des 19. Jahrhunderts die Südeisenbahnverbindung Wien–Triest gebaut wurde, man fühlte sich als Zwischenland in Zeiten von Titos sogenannten blockfreien Staaten, die im Kalten Krieg zwischen West und Ost standen und oft die Rolle eines Vermittlers beziehungsweise Doppelagenten spielten. Man fühlte sich neuerdings als Voreuropa, weil man Teil der sogenannten Balkanflüchtlingsroute war und nur die wenigsten von den über eine Million Migranten, die über Slowenien Richtung Norden zogen, im Land um Asyl ansuchten. Nicht, weil sie es hier schlecht fänden, sondern weil Slowenien den meisten Flüchtlingen einfach kein Begriff war. Alle wollten weiter ins richtige Europa, nach Deutschland, Frankreich oder England.

Sobald man aber mehr als die normalen zweieinhalb Tage im Land verbringt, die sich der Durchschnittsbesucher im Jahr 2019 in Slowenien aufhielt, und nicht nur nach Ljubljana, Piran und Bled zum Instagrammieren fährt, sondern in den slowenischen Alltag eintaucht, merkt man, dass die Zeit in verschiedenen Orten des Landes anders vergeht, sie hat eine andere Beschaffenheit, eine unterschiedliche Textur und einen sehr unterschiedlichen Geschmack innerhalb kleinster Distanzen. Man kann sie fühlen, riechen und auskosten, umso mehr, wenn sie stillsteht. Es gibt viele Orte im Land, wo die Zeit stillsteht, oft braucht man nur eine falsche Abzweigung zu erwischen, einen Umweg zu machen und stehen zu bleiben. Denn dafür, für die Entschleunigung, ist das Land gemacht. Am besten geht man zu Fuß oder fährt mit dem Rad. Die Autobahnen haben das Land verkleinert, es zu einem Transitraum gemacht und die Nervosität der Durchfahrenden bei Sommerstaus stark erhöht.

Wir wollen aber den umgekehrten Weg gehen, und das wortwörtlich, zu Fuß. Ich habe es einmal gemacht, in den Sommermonaten Juli und August 2007, da bin ich um das Land herumgelaufen, an den Außengrenzen entlang. Es war eine der schönsten Reisen meines Lebens, und seither frage ich mich immer, warum ich sie nicht noch einmal wiederholt habe. Vierunddreißig unvergessliche Tage, in denen ich auf oft unmarkierten Pfaden auf dem 1400-Kilometer-Kreis um das Staatsterritorium schlenderte, in dem meine Sprache gesprochen wird, an den Rändern und Niemandsgebieten, wo es zur Vermischung von Sprachen und Dialekten, Erfahrungen und Geschichte kommt. Nach dieser Erfahrung hat der Berliner Regisseur Peter Zach den Dokumentarfilm *Grenzenlos* gedreht, eine Hommage an ein offenes und tolerantes Europa.

Es war auch die Zeit ohne Zeit, die Zeit ohne Grenzen. Heutzutage wäre ein derartiges Grenzschlendern kaum noch möglich. Grenzkontrollen wurden aufgrund der Migrantenhysterie wieder hochgefahren, Grenzzäune mitten in Europa errichtet. An der Südgrenze zwischen Kroatien und Slowenien, wo es über Jahrtausende keine Staatsgrenze gab und die Einwohner frei auf beiden Uferseiten der Grenzflüsse Krka und Kolpa hin- und herzogen, wurde von der slowenischen Regierung aus Ungarn importierter und in Deutschland produzierter Stacheldrahtzaun gezogen. Und dann kam noch die Pandemie dazu, welche, so hatte ich eigentlich gehofft, zu der Zeit, da Sie, geschätzte Leserin, geschätzter Leser, das lesen, schon in die Annalen der Medizingeschichte eingegangen sein würde. Ich fürchte aber, dass man noch eine Zeit lang nicht ungestört und gelassen die europäische Grenzlosigkeit wird genießen können, deretwegen es sich lohnt, Europäer zu sein.

Die Slowenen mögen es aber nicht immer zu Fuß. In Wahrheit sind sie eine autobesessene Nation. Jeder zweite Slowene hat ein oder mehrere Autos (Säuglinge, Blinde und alle ohne Führerschein sind in der Statistik miteinbezogen), und die Zahl der Fahrzeuge trägt nicht wirklich positiv zur ökologischen Lage bei. Der Slowene möchte ja nicht nur immer sein Auto zur Hand haben, er möchte auch vor der eigenen Haustür parken, was vor allem in urbanen Zonen immer schwieriger wird. Der Ljubljaner Stadtarchitekt Janez Koželj, dessen großes Verdienst es ist, dass Ljubljanas historischer Stadtkern autofrei wurde, erzählte mir vor Zeiten schmerzliche Anekdoten über den schwierigen Prozess, die Wohnungs- und Autoeigentümer im Zentrum der Hauptstadt dazu zu bringen, die Autos nicht mehr auf den drei Brücken oder direkt vor dem Rathaus zu parken, sondern in Parkhäusern. Die Wut der Autobesitzer vor gut zwanzig Jahren, als der Prozess der Befreiung des historischen Stadtkerns vom Auto begann, war derart groß, dass man im Rathaus Leibwächter einstellte, mit denen der Stadtarchitekt und der Bürgermeister zu Auseinandersetzungen mit den autoverliebten Stadtzentrumsbewohnern erscheinen mussten.

Die fanatische Liebe des Slowenen zum fahrbaren Untersatz ist nicht als pure Faszination gegenüber Maschinenbau und Technik zu erklären oder aus dem Willen zur Angeberei gegenüber dem Nachbarn. Es ist schlicht das Faktum, dass sehr viele Menschen tatsächlich in abgelegeneren Teilen des Landes leben, wo es fast keine öffentlichen Verkehrsverbindungen gibt. Die Slowenen lieben das Schraubendrehen, das Zusammenstellen und Auseinandernehmen von technischen Sachen fast so sehr wie die Tschechen, die, neben den Japanern und den Deutschen, in Sachen Technikbesessenheit ganz oben in der Weltrangliste stehen. Das Land lebt auch zum Teil von der Autoindustrie. Die Hauptautoindustriestadt Maribor und ihr ehemaliger Großkonzern TAM, in dem man Busse und Lastwagen hergestellt hat, sind beim Zerfall Jugoslawiens in die Brüche gegangen, doch nach wie vor gibt es ein Renault-Werk in Novo mesto, in dem Clios für ganz Europa gebaut werden, es gibt Cimos in Koper, Adriamobil, die Anhänger und Wohnmobile herstellen, TAM Europe, wo man Busse für Flughäfen produziert. Vor allem aber fertigt man in Slowenien Autoteile, Schrauben, Filter, Turbinen, Leuchtkörper. Akrapovič stellt die besten Motorauspuffe der Welt her, andere Werke erzeugen Ledersitze und Plastikteile und so weiter und so fort. Rund ein Zehntel des Bruttoinlandsproduktes wird in der Autoindustrie erwirtschaftet, zweimal so viel wie in der Tourismusbranche. Möglicherweise hat es für einen Neuankömmling nicht den Anschein, aber Slowenien ist ein Industrieexportland.

Ich kann mich noch gut erinnern, wie ich vor Jahren in London in ein Fachwerkzeuggeschäft ging, um eine Doppelzange zu kaufen, und den Verkäufer bat, mir keinen Schrott anzudrehen, sondern etwas, was mir länger dienen würde. Er verschwand, kehrte dann triumphierend mit einer in Slowenien hergestellten Unior-Doppelzange zurück und meinte, das sei das Beste vom Besten. Ich kaufte gleich drei und gab alle als Weihnachtsgeschenke weiter. Johan Friedrich Puh beziehungsweise Janez Puh beziehungsweise Johann Puch, wie er auf Deutsch geschrieben wird, das siebte Kind einer slowenischen Kleinbauernfamilie, der Erfinder des Sicherheitsniederrades, des Vorgängers des heutigen Fahrrads, der später in seiner Fabrik Motorräder und Autos der Marke Puch produzierte, wäre stolz auf mich gewesen.

Zum Glück gibt es auch in Slowenien immer mehr Carsharing-Möglichkeiten, der Alltag wird wie anderswo auch elektrifiziert, obwohl es wahrscheinlich noch lange dauern wird, bis der Slowene seinen Diesel ganz aufgeben wird und auf Elektro oder die Bahn umsteigt. In Sachen Bahn: Leider entspricht es der Wahrheit, dass die Habsburger bis zum Ersten Weltkrieg viel mehr für das Bahnwesen getan haben als alle anderen danach. Vor hundert Jahren hat man mit der Bahn genauso lange von Ljubljana nach Koper gebraucht wie heutzutage. Der Trend ging ein ganzes Jahrhundert lang in die falsche Richtung, zahlreiche Bahnstrecken wurden stillgelegt, und erst nachdem Autobahnen durch fast ganz Slowenien gezogen worden waren und man die Übersättigung der slowenischen Hauptverkehrsstraßen nicht mehr ertragen konnte, orientierte sich der politische Wille wieder Richtung Bahn. Das Netzwerk wird modernisiert, neue Passagierzüge wurden angeschafft, und einige brach liegende Streckenabschnitte wurden wieder in Betrieb genommen wie 2019 der von Grosuplje bei Ljubljana nach Kočevje, der ganze fünfzig Jahre nicht befahren worden war.

Mein Freund Egbert Pietsch aus Leipzig, der Europa mit hundert Jahre alten Baedekern im Gepäck, immer per Zug, bereist und der eine großartige Hommage im Roman *Winterbergs letzte Reise* des tschechischen Autors Jaroslav Rudiš erfuhr, fuhr auch die slowenischen Gleiskilometer ab und ist ein Fan der Langsamkeit der slowenischen Bahnen – eine Ausnahmeerscheinung!

In seinem Roman *Die Wiederholung* beschreibt Peter Handke die Reise ins »Neunte Land«, wie er das ehemalige Jugoslawien öfter nannte. Schmugglerartig geht sein Romanheld aus Kärnten durch den Eisenbahntunnel unter den Karawanken hindurch und kommt in Jesenice heraus, der Grenzindustriestadt in Slowenien, um nach Spuren seines Bruders zu suchen. Es war der Zug, der die schwere Artillerie im Ersten Weltkrieg an die Ostfront bei Isonzo brachte und die Toten und Verstümmelten nach Hause. Es war der Zug, der im Zweiten Weltkrieg für Massentransporte und später zum Wiederaufbau des verwüsteten Europas unumgehbar war. Jetzt ist es wieder einmal der Zug, der Europa verbinden und es umweltfreundlicher machen soll. In der Schweiz wimmelt es von Zugverbindungen, die eine vertrackte Serpentinenfahrt über Bergspitzen verkürzen. In Slowenien gibt es nur eine kurze derartige Tunnelzugstrecke, die dafür aber umso besonderer erscheint. Man fährt von Bled Richtung Bohinj und lädt dort das Auto auf den Zug. Fünfzehn Minuten später kommt man aus dem Tunnel unter dem Berg heraus und in einer der magischsten Gegenden Sloweniens an.

Eine andere besondere Strecke ist die der ehemaligen Schmalspurbahn Parenzana, die von Triest über das heutige Slowenien nach Istrien Richtung Poreč führt. Bis 1935 fuhr man mit Höchstgeschwindigkeit 25 Kilometer die Stunde. Die Schienen wurden schon vor dem Zweiten Weltkrieg entfernt und angeblich vom italienischen Staat nach Abessinien geschickt. Heute dient die ehemalige Strecke als wundervolle 125 Kilometer lange Wander- und Fahrradroute. Und in der Küstenstadt Izola gibt es zur Strecke und ihrer Geschichte noch eines der kleinen und weniger bekannten Museen, die es schon der Atmosphäre wegen zu besuchen lohnt.

Und so sind wir bei der dem Menschen angemesseneren Geschwindigkeit angelangt, einer, bei der die menschliche Seele dem Körper folgen kann. Beim langsamen In-die-Pedale-Treten, beim Herumschlendern und Flanieren. Eigentlich ist Slowenien dafür wie gemacht. Nicht nur wegen der vielen Fahrradstrecken, die in den letzten Jahrzehnten stark erweitert wurden, sondern wegen der Besiedlungskonfiguration. Keine Wüsten, wenige schwer zu bewältigende Bergübergänge, null Möglichkeit, sich zu verfahren, denn bei dieser Bewegungsart sind Umwege erwünscht, sie erweitern die Ortskenntnis. Alle zehn oder zwanzig Kilometer kommt ein Dorf oder ein größerer Ort, überall gibt es lokale Gasthäuser, und wenn man keine Unterkunft reserviert hat, wird man irgendwie doch unterkommen.

Die slowenischen Doppelsieger der Tour de France 2020, Tadej Pogačar und Primož Roglič, zeugen von der Fahrradbegeisterung der Slowenen. Vor allem sind es aber nicht nur Rennradler, die lange Straßenetappen zu ihrer Kalorienverbrauch- und Stressabbaumasche gemacht haben. In den Wäldern und Bergen trifft man immer mehr Mountainbiker, die durch die Baumkronen und Lüfte an einem vorbeisausen – und meistens am Leben bleiben. Wenn man es gelassener angeht, eröffnet der Reisemodus auf dem Velo – oder, wie gesagt, noch lieber zu Fuß – das schon erwähnte verblüffende Faktum, dass die Zeit auch in einem kleinen Land ganz unterschiedlich verläuft.

Wenn man im Osten des Landes, in Prekmurje, die vor zwanzig Jahren gebaute Strecke Murska Sobota–Hodoš abläuft oder den Zug ab Pragersko Richtung Ormož und weiter über den in Kroatien liegenden Ort Čakovec nach Lendava nimmt, fühlt man an einem der einsamen kleinen Bahnhöfe wortwörtlich, dass die Zeit dort erzittert, aber sich nicht fortbewegt. Man tritt verschwitzt in ein pannonisches Gasthaus ein, trinkt einen Obstbrand, der in Prekmurje schon wie im Ungarischen »Palinka« genannt wird, oder ein Bier und lauscht dem lokalen Radiosender. Aus dem alten Apparat spielt Musik vom wohl bekanntesten

Musiker aus Prekmurje, Vlado Kreslin, ein Dichter mit einer schwarzen Gitarre, in dessen Musik und Texten das pannonische Melos immer wieder das Herz beben lässt. Er singt über einen Zug, der sich in die weite fremde Welt windet. Es ist kein Zug in der Pannonischen Tiefebene, es ist ein Zug voller Arbeitsuchender auf Ausreise, der sich auf Nimmerwiedersehen Richtung Venedig bewegt, eine Zwischenkriegsgeschichte. Wie gut es uns geht, höre ich mich selbst denken, die Welt geht zwar unter, doch ich kann meine Palinka trinken, dem Gastwirt beim Gläserspülen zusehen und die Zeit in der Luft hören, wie sie knisternd vergeht, aber doch immer die gleiche bleibt. Eine Mystik ohne Religion und geeignet auch für Anfänger.

Was man glaubt, nicht zu glauben, doch trotzdem nicht umhinkommt zu glauben, sodass man es nicht glaubt: Religion

Einer Statistik aus dem Jahr 2019 zufolge gibt es in Slowenien 2901 Kirchenbauten, das heißt, auf knapp 700 Bewohner kommt eine Kirche, eine Dichte, die ihresgleichen sucht und die nicht nur vom Bekenntnis zur Religion zeugt, sondern ebenso vom Baufanatismus religiöser Institutionen durch die Jahrhunderte, davon, dass die Slowenen das Bauen zwar nicht lieben, es aber gerne leben, ist der eigene Hausbau doch für den Slowenen eine der wenigen möglichen Erfüllungen des Himmels auf Erden. Man kann fast keine Landschaftsfotos machen, ohne dass im Hintergrund irgendwo einer oder mehrere Kirchtürme herausragen, keinen Spaziergang, ohne dass von irgendwoher das in der letzten Zeit oft umstrittene Kirchenläuten ertönen würde, als Erinnerung an unser aller Vergänglichkeit oder als Lockruf zum Messegang.

Meine persönlichen Highlights an Kirchenbauten finden sich unter den kleineren, intimeren Kirchen, alle stehen außerhalb der Städte und sagen vieles über den Charakter ihrer Erbauer aus, deren Ängste und Freuden, ihre Kunst und Vorstellungen von der Welt, dem Himmel und was dann noch übrig bleiben mag: die Kirche der Heiligen Dreieinigkeit in Hrastovlje, eine mystisch gelegene, mit einer Schutzmauer umgebene spätgotische Kirche mit einmaligen Wandmalereien eines Totentanzes. Die Mariapilgerkirche in Ptujska Gora, eine Sternstunde des Barocks mit herrlicher Schutzmantelmadonna-Plastik, die Kirche der Heiligen Verkündigung in Crngrob mit ihrem magischen, spätromanischen Säulengang und die Fresken in St. Michael im Moor bei Ljubljana, eine von Plečnik unüblich breit gebaute Holzkirche, von der der Schweizer Dichter Armin Senser einmal schrieb, die Kirche wirke wie ein aufgelaufenes Schiff.

Man kann kein Land verstehen, ohne dass man die Rolle der Religionen in Betracht zieht, im Falle Sloweniens allen voran die der christlichen Religionen, insbesondere des Katholizismus.

Slowenien ist überwiegend römisch-katholisch, schwankenden Statistiken zufolge sprechen sich zwischen sechzig und siebzig Prozent der Einwohner für den Katholizismus aus. Wahrscheinlich läge die Zahl noch viel höher, wenn man fragen würde, wer am Weihnachtsshoppen teilnimmt, und viel niedriger, wenn man nur aktive Kirchgänger einbeziehen würde. Aber mit der Religion ist es schon so, man wird religiös, entweder wenn man einen inneren Ruf erhält oder wenn einen die äußeren Umstände dazu, sagen wir motivieren, wenn nicht zwingen. In christlichen Statistiken sind in Slowenien die Katholiken am häufigsten, gefolgt von zwei bis drei Prozent Orthodoxen, überwiegend sind es Serbisch-Orthodoxe, und circa einem Prozent protestantischen Glaubens, vor allem im Osten Sloweniens, in Prekmurje.

Die Geschichte des slowenischen Katholizismus, nun, wie soll man das milde ausdrücken, sie ist komplex und voller Widersprüche. Historisch gesehen steht der neblige Beginn des nationalen und religiösen Selbstbewusstseins in Verbindung zum slowenischen Herzogtum Karantanien, das im sechsten bis achten Jahrhundert auf dem Territorium nördlich der Julischen Alpen im heutigen österreichischen Kärnten bestand und dessen damalige Herrscher proaktiv bei der Christianisierung mitmischten. Nach der weltlichen Weihe der karantanischen Fürsten, die sehr bäuerlich-sozialdemokratisch auf dem Gosposvetsko polje, dem Zollfeld, vonstattenging, ging man in die Kirche, und das schon Ende des sechsten Jahrhunderts. Heute macht man es bei der Inauguration des Präsidenten nicht so; die Kirche und der Staat sind, Gott sei Dank, getrennt. Es wird aber sehr gerne schon in den Grundschulen ein Schlüsseltext des Nationaldichters France Prešeren gelehrt, *Die Taufe bei Savitza*, ein Text, dessen Hauptthema die Christianisierung der Slowenen ist. Die Abkehr vom alten slawischen Glauben zum Christentum definiert nach wie vor das religiöse und auch das gesellschaftliche Bild des Slowenen.

Man muss das nicht gleich alles wissen und mitdenken, wenn man im Land umherflaniert, der religiöse Charakterzug der Slowenen ist eher dezent, man wird aber ab und zu auf einen schwarzen karantanischen Panther auf T-Shirts oder Schokolade stoßen, auf Leute, die lieber Bäume umarmen als Hostien schlucken oder sich lieber vom Regen als vom Taufwasser berieseln lassen, und man wird auf eine nicht unbedingt offensichtliche, aber doch sehr bedeutsame Eigenschaft der Slowenen aufmerksam – den religiösen Eigensinn.

Fast tausend Jahre nach Karantanien war der Schub des Protestantismus mit dem Intellektuellen und protestantischen Pfarrer Primož Trubar für die Entstehung aufklärerischer Eliten und die Rolle der slowenischen Sprache entscheidend. Ihm verdankt man den Druck der ersten slowenischen Bücher 1550. In Tübingen am Neckar, in der steilen Gasse, die zum Schloss führt, wurde vor Jahren eine Gedenktafel angebracht, die das Haus bezeichnet, in dem die Bücher gedruckt wurden und von wo sie in Heringsfässern in die slowenischen Lande geschmuggelt wurden. Ich vermute, dass es ein olfaktorisch sehr einprägsamer kultureller Neubeginn für die slowenische Nation gewesen sein muss. Es gab ein frühes Aufblühen des Kulturbewusstseins unter Trubar, der verlassen, infolge der Gegenreformationsbewegung verbannt und nach Derendingen bei Tübingen vertrieben unter Schwaben gestorben ist.

Trubar stellt einen slowenischen Grundtypus dar, das slowenische Urbild des von den eigenen Landsleuten zu Lebzeiten nicht akzeptierten, verstoßenen Genies. Die Slowenen mögen keine allzu sehr herausragenden Landsleute, dafür sind sie viel zu vorsichtig, eifersüchtig und ängstlich. Es gab in späteren Jahrhunderten noch ein paar Genies wie Trubar, und ihre Schicksale ähnelten oft dem vom Urvater, dem exilierten Emanzipationsbringer.

Bis zum Zweiten Weltkrieg waren die katholische Kirche und die ihr nahen politischen Strukturen ohne Zweifel die stärkste Kraft im Land. Sie war vor allem im 18., 19. und Anfang des 20. Jahrhunderts die Beschützerin der Sprache und der lokalen Intelligenzija. Es waren herausragende, oft heroische Leistungen von Priestern und Bischöfen wie Anton Martin Slomšek und Simon Gregorčič, die dem zukünftigen Land eine Überlebensmöglichkeit sicherten. Dann aber kam der Zweite Weltkrieg, und die furchtbare Kollaboration der katholischen Kirche mit den Okkupationsmächten begann. Die slowenische Kirche stand Pate bei der Formierung der Domobranci, militärischer Verbände, die an der Seite der Okkupationsmächte gegen die slowenische Befreiungsbewegung kämpften. Es kam zu den dunkelsten Kapiteln der slowenischen Geschichte, zum blutigen Bruder- und Schwesternkrieg, zum Nachkriegsterror und den Massenexekutionen der kommunistischen Kriegssieger. Slowenien spaltete sich innerlich, eine Zweiteilung, die in den Köpfen vieler slowenischer Politiker bis heute weiter herumgeistert und meist vor Wahlen oder bei politischen Auseinandersetzungen proaktiv betrieben wird, als Instrument der politischen Polarisierung und schlichter medialer Manipulation.

Will man in die komplexen Wirren dieser Zeit eintauchen, um den heutigen, für Besucher oft schwer begreiflichen Kontext der slowenischen Politik und Gesellschaft zu verstehen, sollte man unbedingt die Tagebücher von Edvard Kocbek lesen, dem begnadeten Dichter, Sozialisten und Katholiken, der an der Seite der slowenischen und später jugoslawischen Partisanenführungsspitze kämpfte, ganz oben als Minister in der ersten Nachkriegsregierung unter Tito fungierte und dann für Jahrzehnte aus dem öffentlichen Leben verbannt war, Publikationsverbot erhielt, Verfolgung und Schikanen vonseiten seiner ehemaligen kommunistischen Mitstreiter erleiden musste, wie auch den Ausschluss von den damaligen offiziellen Kirchenstrukturen.

Wenn man heutzutage durch den Tivolipark im Herzen Ljubljanas spaziert, kann man sich auf ein Monument, eine Bronzebank neben zwei Edis, wie Kocbek von Freunden genannt wurde, setzen. Auf der einen Seite sitzt der mit Glaubens-, moralischen und gesellschaftlichen Fragen überlastete Dichter und Utopist in Originalgröße und schaut auf eine Miniaturfassung von sich selbst, in die eigene Seele womöglich, die in Ruhe ein Buch liest, ein Buch vom paradoxen Leben. Nicht weit von ihm entfernt steht in Bronze gegossen Boris Pahor, sein Schriftstellerfreund aus Triest, der den Naziterror in mehreren Konzentrationslagern überlebte. Auf Drängen Pahors war es Kocbek, der öffentlich als Erster über die Nachkriegsmassenmorde an den Domobranci sprach, was nicht nur in Jugoslawien einen Wirbelsturm, sondern auch international heftige Reaktionen auslöste. Wäre da nicht Heinrich Böll gewesen, der sich in der FAZ für Kocbek starkmachte, hätte es für den bis an sein Lebensende an das heilige Partisanentum glaubenden Kocbek viel schlimmer enden können.

Nach dem Zweiten Weltkrieg waren Kirche und Staat streng getrennt. Die Kirche, enteignet und geschwächt, hatte es nicht leicht, sie ging einen pazifistischen Weg, gelangte aber nach der Staatsgründung und der Zurückgabe von einem Teil des 1945 nationalisierten Eigentums binnen kürzester Zeit zu großer finanzieller Potenz, was im Skandal der Mariborer Erzdiözese nach dem Börsenkrach im Jahre 2012 kulminierte. Kurz gesagt, die Kirche hatte investiert, unter anderem in das Telekommunikationsunternehmen T2, das auf seinen Sendern – um, wie es die damaligen kirchlichen Eigentümer offen zugaben, konkurrenzfähig zu sein – auch ein breit gefächertes Pornografie-Angebot hatte und mit durchaus provokativen Marketingstrategien versuchte, seinen Marktanteil zu vergrößern. Dann aber kam der Börsencrash, Enthüllungen in der italienischen Presse folgten, Skandal nach Skandal legte die Opulenz der kirchlichen Oligarchien bloß. Die Erzdiözese Maribor wurde Weltmeister: Mit 1,3 Milliarden Verlust war sie die weltweit am höchsten verschuldete Erzdiözese des Vatikans. Es rollten Köpfe, und fast die ganze erste Reihe der slowenischen Bischofsmannschaft wurde von Rom ausgewechselt. Es war der absolute Tiefpunkt der katholischen Kirche in Slowenien nach 1945, und die Wunden im öffentlichen Ansehen heilen noch immer.

Der Slowene ist ein das Absolute suchendes Wesen. Um sicherzugehen, praktiziert er wenigstens drei Religionen zugleich, oft ohne sich dessen bewusst zu sein. Zuerst ist er eben vorwiegend Katholik, obwohl er das oft nicht wahrhaben möchte. Wenn man am slowenischen Parlament vorbeigeht, übersieht man sehr leicht eine kleine Allee mit Statuen und einem kleinen Sarkophag und denkt nicht daran, dass man über eine Gruft kommunistischer Helden läuft. Etliche Spitzenvertreter der slowenischen kommunistischen Führung hatten sich im Zweiten Weltkrieg Tarnnamen ausgesucht, die viel über ihre Vorbilder verrieten. Der jugoslawische Hauptideologe slowenischer Herkunft Edvard Kardelj war Kristof, der Anführer der Befreiungsfront Boris Kidrič hieß Peter, der Kommandant des Generalstabs der jugoslawischen Armee und Innenminister nach dem Krieg Ivan Maček war Matija (Matthias), der Militärkommandant der nach dem Krieg freien Triester Zone B Dušan Kveder hieß Tomaž usw. – man liebte die Namen der Apostel und allgemein der christlichen Vorbilder. Von der kirchlichen Hierarchie und ihrem Machtsystem inspiriert, als gegenkirchliche Bewegung, haben die kommunistischen Begründer der slowenischen Befreiungsbewegung nicht nur in der Namenswahl nach kirchlichem Vorbild gearbeitet – und es bald in vielerlei Hinsicht übertroffen. Der stille Bezug zur Kirche steckt somit in vielen Slowenen. Auch wenn man sich als linker Atheist deklariert, bekreuzigen sich die meisten dann doch bei einem Begräbnis, langen beim Osterschmaus heftigst zu oder lehnen die Adoption durch gleichgeschlechtliche Paare ab.

Die zweite von der überwiegenden Mehrheit der Slowenen betriebene Religion ist eine Urform des gekränkten utopisch sozialistischen Gleichheitsglaubens. Slowenien ist überwiegend eine Gesellschaft der Gleichen, und obwohl diese Gleichheit wahrscheinlich nie wieder so gleich sein wird wie in alten Zeiten des kommunistischen Jugoslawiens und der Kapitalismus immer mehr soziale Ungleichheit im Land produziert, ist die Idee, dass wir Slowenen alle gleich sind (mit allen positiven und negativen Folgen), so stark in unserem Bewusstsein verankert, dass es sich um mehr als um eine Ideologie handelt, man kann schon von einer weltlichen Religion reden.

Werfen wir nochmals einen Blick auf die Weihe der karantanischen Fürsten im siebten/achten Jahrhundert, nicht um einem auf sehr labilen Beinen wankenden Historismus zu huldigen, sondern um zu zeigen, woraus sich die historische Imagination der Slowenen speist. Der Fürst wurde nicht wie anderswo üblich in einem Prunkspektakel gekürt, nicht durch kirchliche Oberhäupter geweiht, wie zum Beispiel die englische Königin oder der japanische Kaiser. Der zukünftige Fürst musste in Bauernkleidern erscheinen und sich von einem Bauern und vom Volk ausrufen lassen und anschließend Wasser aus einem Bauernhut trinken. Es gibt ungeprüfte Vermutungen, dass Thomas Jefferson, der sich beim Lesen der Beschreibung dieses Rituals im Buch eines französischen Historikers Anmerkungen machte, seine Idee der Volkssouveränität daraus ableitete. Auch wenn es unsinnig klingt, es ist genau diese Idee eines souveränen, gleichberechtigten Volkes als Machtträger, das über seine Anführer bestimmt, die für die Slowenen einer Religion gleichkommt.

Daraus kann man bis heute vieles ableiten. Auch das slowenische Schulwesen, das Michael Moore in seinem Dokumentarfilm *Where to Invade Next* aus dem Jahr 2015 als Vorzeigemodell eines der zugänglichsten und gleichberechtigtsten Schulsysteme der Welt anführte, basiert auf diesem Gedanken. Oder nehmen wir das marode slowenische Gesundheitswesen, in dem man, theoretisch, für fast nichts zahlen muss. Nehmen wir die relativ kleinen Unterschiede bei den Gehältern der öffentlichen Angestellten und den Schlüssel, nach dem die ersten Covid-19-Impfstoffe im Land verteilt wurden. Vielleicht gründet die Idee der Gleichberechtigung in der frühen Abschaffung slowenischer Adelsstrukturen mit dem Mord an Ulrich II. im 15. Jahrhundert, verstärkt von der Vertreibung oder Enteignung der slowenischen Industriellen und des lokalen Bürgertums durch die Kommunisten, vielleicht liegt die Gleichheitssucht an den fünfzig Jahren Kommunismus und der anschließenden Kapitalflucht des ehemaligen Staatsvermögens ins Ausland, an der Bauernmentalität, daran, dass es nichts Außergewöhnliches ist, dem einen oder anderen Minister in der Stadt auf dem Fahrrad zu begegnen oder dem Präsidenten die Hand zu schütteln, vielleicht liegt es an der Geschichte oder schlichtweg am Klima: Faktum ist, uns Slowenen ist die Idee der Gleichrangigkeit (auf keinen Fall zu verwechseln mit der Einheitlichkeit) in die Wiege gelegt. Jeder Mensch in Slowenien kann Präsident werden (nicht jeder aber wird es), jeder kann eine Universitätsausbildung erlangen (nicht jeder aber tut es), jeder kann ein Haus bauen oder ein Fleckchen Erde bestellen (nicht jeder aber möchte es). Und zugleich heißt das auch, dass jede Slowenin, jeder Slowene nicht mehr haben darf oder mehr sein sollte als alle anderen. Die slowenische Religion der Gleichheit hat sophistische Rituale entwickelt, allen voran das Ritual des Vergleichens und der Kasteiung derer, die herausragen. Es ist eben ein kleines, nicht sehr dicht besiedeltes Land, und jeder kennt den Freund der Schwester des Cousins des Bürgermeisters, der Fernsehmoderatorin oder des Bäckers.

Der Slowene ist aus seinem Grundverständnis der Gleichheit der Menschen heraus auch ein durchaus revoltierendes Wesen. Das ist etwas, was nicht einmal die Habsburger verstanden und gesehen haben, hielt man die Slowenen doch für das untertänigste aller Völker der Monarchie. Deshalb empfand man in Wien die nationalistischen Bestrebungen der Slowenen Ende des 19. Jahrhunderts fast wie Großverrat.

Die slowenische Kultur des Revoltierens ist aber viel älter, sie reicht wenigstens bis zu den Bauernaufständen zurück, die das Territorium vom 15. bis ins 18. Jahrhundert immer wieder auf den Kopf gestellt haben. Die Geste der Revolte schlechthin zeigt sich in der frühen Formierung von bewaffneten Fronten gegen die faschistischen und nationalistischen Besatzungskräfte im Mai 1941, und man kann die Nähe zur Revolte von der Punkbewegung der Achtzigerjahre bis zu den Fahrraddemonstrationen in Zeiten von Covid verfolgen.

Zum Glück gibt es neben dem Katholizismus und dem sozialistisch revoltierenden Gleichheitsglauben noch die dritte Religion der Slowenen, die älteste und friedfertigste von allen: die Religion der Natur. Es ist nicht nur die Natur als Lebensraum gemeint, die Bäume und Wiesen und Tiere und Flüsse und Berge. Der Slowene lebt eigentlich erst wirklich auf, wenn er sich im Kontakt mit der Erde befindet. Fast jeder hat einen Flecken davon, sei es ein Schrebergarten oder eben ein Feld, ein Acker irgendwo außerhalb der dichter besiedelten Ecken des Landes. Der große Traum des Slowenen ist nicht ein Penthouse auf der Lower East Side oder eine Wohnung mit Dachterrasse in Rom, es ist das Haus auf dem Land, nahe der Stadt (weil man ja alles zugleich will, Stadt und Land, nur das Beste von allem), aber trotzdem umschlungen von Natur. Diese innige Verbindung mit dem Salatgarten, den drei Apfelbäumen, den Topfpflanzen, dem Rasenmähen und dem nahe gelegenen Wald macht die Menschen zu besessenen Spaziergängern, Gartenfanatikern, permanenten Wochenendausflüglern. Will man Slowenien wirklich entdecken, muss man raus aus den urbanen Gegenden, dahin, wo es nichts Sehenswertes gibt, und in dieses Nichts so lange hineinblicken, bis man wenigstens die Umrisse von etwas erblickt.

Dass die Bezeichnung »religiöse Naturliebe« nicht übertrieben ist, wurde spätestens vor anderthalb Jahrzehnten klar. 2007 endete ein 42 Jahre dauerndes Schweigegelübde, das der Publizist Pavel Medveščček einem der letzten damals noch lebenden Altgläubigen hatte geben müssen, um in ihren Kreis aufgenommen zu werden. Die Altgläubigen hatten bis in die Fünfzigerjahre des 20. Jahrhunderts im schwer zugänglichen Nordwesten des Landes am Fluss Isonzo/Soča gesiedelt und ihre Glaubenswelt und Rituale beibehalten. Sie zeugen von der innigen Verbindung der Menschen mit den Naturelementen, mit Bergen, Steinen und Wasser. Jedes Haus der Altgläubigen wurde von drei Steinen behütet, dem *tročan*, deren Lage nur der Hausherr kannte.

Medveščeks Werk und Wirken löste eine Begeisterungswelle aus. Es hatte fast emanzipatorische Züge, als hätten die Slowenen einen vergessenen Teil ihrer selbst wiederentdeckt und sich so selbst bewusst gemacht. Wenn man dem Alltag unter die Haut schaut, sieht man, dass es in Slowenien nur so wimmelt von verschiedensten Verbänden, Debattierzirkeln, praktizierenden Heilern, Schamanen, Seelensuchern, die von einer Vielzahl spiritueller Schulen und Strömungen getragen werden. Es gibt eine Sphäre, die von Wellness über Heilpraktiken bis hin zur Welterlösung und purem Betrug reicht. Anfang der Neunzigerjahre begegnete man all den neuen Reiki-, Yoga-, Meditations-, Homöopathie-, Aura-, Radioästhesie-MeisterInnen, die nach dem Kommunismus wie Pilze nach dem Regen überall auftauchten, mit großem Misstrauen. Doch inzwischen haben sich verschiedene, auch autochthone Praktiken und, parallel zu wissenschaftlichen Deutungen, Weltanschauungen durchgesetzt und sind heutzutage für viele ein wichtiger Teil des Alltags.

Die Altgläubigen, die *staroverci*, beschäftigen sich mit lokalen Glaubensbesonderheiten. Der Triglav ist nicht nur der höchste Gipfel und die Ikone des Landes, sondern auch der heilige Berg der Slowenen, der auch im Wappen und auf der Flagge zu sehen ist. Der Berg ist eines ihrer Attribute.

Zwei Aspekte will ich nicht unerwähnt lassen. Zum einen die mit 2,3 Prozent aller gläubigen Slowenen vor allem in der Hauptstadt und im Umkreis von Jesenice stark präsente muslimische Gemeinde, die nach fast ein halbes Jahrhundert dauernden Bestrebungen endlich zu einem angemessenen religiösen Gebäude nahe dem Zentrum von Ljubljana gekommen ist. Die Moschee mit Kulturzentrum, das von dem Architektenpaar Bevk Perović gebaut wurde, ist ein mit Stille und Eleganz gefüllter Raum und durchaus einen Abstecher wert. Neben dem Slowenischen ist die Umgangssprache der slowenischen Muslime nicht das Arabische oder Türkische, sondern das Bosnische, sind doch viele der Vorfahren slowenischer Muslime in den Sechziger- und Siebzigerjahren des 20. Jahrhunderts aus Bosnien und Herzegowina eingewandert.

Zum anderen existieren in Slowenien, laut Statistik aus dem Jahr 2021, 59 unterschiedliche, staatlich anerkannte Religionsgemeinschaften. Die Liste ist wirklich bunt wie ein Pfauenrad, von den »Kindern Triglavs« über die religiöse Gemeinschaft Zandernatis bis hin zur Religion der Orischas gibt es ein vielfältiges Angebot. Besonders ins Auge sticht unter den vielen Kirchen in Slowenien die »Ins Jenseits des Alls reichende Zombiekirche des heiligen Glockengeläutes«. Diese am 1. März 2013 gegründete und registrierte Kirchenorganisation hat sich als Ritual das Läuten der heiligen Glocken sowie das Anschlagen von Töpfen und anderem Geschirr gesetzt, ihre heiligen Schriften sind alle Einträge der Kirchenmitglieder auf Facebook, und die kirchlichen Räume sind alle Privatwohnungen, in denen das Läuten praktiziert wird. Wenn man das bei den Behörden anmeldet, wird man per Gesetz von der Immobiliensteuer befreit, eine Vergünstigung, die allen öffentlich anerkannten religiösen Institutionen zusteht. Und ja, jeder kann dort ein Gläubiger werden, auch wenn man nur auf der Durchreise ist.

Wie man Feste feiert und warum es nichts Größeres gibt als eine zerstrittene Familie

Ach, die slowenische Familie. Zwei Menschen mit ein bis zwei Kindern. Das ist nach wie vor das überwiegende Muster des Zusammenseins, obwohl die Tendenz zu alleinerziehenden Müttern/Vätern steigt und parallel auch die Tendenz einer neuen Familienbildung geschiedener Partner. Die größte Herausforderung für den Slowenen überhaupt ist: die Familie. Zugleich gilt sie als der Segen auf Erden, der Nukleus. Für den Slowenen fängt alles mit der Familie an: wie man über Geschichte nachdenkt, wer oder was man nicht werden möchte, ob man die Suppe schlürft oder brav hinunterschluckt, ob man glücklich ist im Streit und in der Liebe oder unglücklich. Denn Familie heißt: Überleben, Glück und Streit. Man kann es schon an den slowenischen Familienhäusern ablesen. Größtenteils sind es riesige Bauten, viel zu groß für ein Paar mit einem oder zwei Kindern. Die Häuser wurden bis vor Kurzem für mehrere Generationen gebaut, obwohl nur in den wenigsten dann auch mehrere Generationen wirklich zusammenlebten. So blieben es Häuser, in denen überwiegend ältere Paare mit zu hohen Heizkosten, unerfüllten Wünschen und quälenden Familiengeistern zusammen hausten. Man kann nicht miteinander, man kann auch nicht ohneeinander.

Und in der Familie befindet sich das Epizentrum schlechthin: die slowenische Mutter. Das Urstereotyp, an das jeder Slowene sofort beim Wort Mutter denkt: die Mutter im Werk von Ivan Cankar. Sein Klassiker: die Prosaskizze *Eine Tasse Kaffee*. Der Sohn ist überheblich, er leidet an Wehmut und wünscht sich von der Mutter eine Tasse Kaffee. Als sie ihm Kaffee bringt, weist er sie zurück, erkennt sofort den Schaden, den er damit angerichtet hat, doch es ist zu spät. Er hat der Mutter ein Unrecht angetan, er wird zum Schuldigen. Die mit Pathos überladene These Cankars lautet: Nicht auf dieser Welt und nicht im Jenseits wird die Schuld vergeben. Sie ist unausweichlich, unvergesslich. Tja, das sind nicht gerade die optimalen Voraussetzungen für ein fröhliches Dasein des Slowenen, der Slowenin, man kann bereits das klassisch-tragische Setting erahnen.

Nun ist mehr als ein Jahrhundert verstrichen, seit Cankars Figur die Tasse Kaffee übereilt zurückgewiesen hat. Und einiges hat sich verändert. Zum Beispiel die Rolle der Frau. War sie vor einem Jahrhundert noch die passiv erleidende Märtyrerin, steht sie inzwischen im Vordergrund des gesellschaftlichen Lebens. Zum Glück sind die Zeiten vorbei, als patriarchalische slowenische Herren rotsahen angesichts von außerordentlich streitbaren und unbeugsamen Frauen wie der Schriftstellerin und feministischen Vorkämpferin Zofka Kveder oder der großen Reisenden Alma Karlin, einer der ersten Europäerinnen, die die Welt entdeckten. Im slowenischen Kultursektor sind heutzutage Frauen in den führenden Rollen, sie besetzen vierzig Prozent des Managements in slowenischen Firmen. Zu Recht kämpfen sie auf vielen Ebenen in der Gesellschaft zwar noch immer um Gleichberechtigung, anderswo, wie im Kulturwesen, stellen sie zum Teil schon die aktivere Hälfte. Das internationale feministische Kunstfestival »City of Women« zum Beispiel sorgt seit 1995 für spritzige und polemische Tabubrüche.

Neben dem enormen Engagement der Sloweninnen im Alltag, in der Gesellschaft und Politik bildet die Mutter nach wie vor den Grundstein der slowenischen Familie, bei den mit ihr verbundenen Verpflichtungen und Freuden ist sie die Sonne, um die das Leben der meisten Slowenen kreist.

Bei der Mutter ist ihr soziales Aufblühen eine Erweiterung ihrer Rolle. Wie aber soll man die Vaterfigur des Slowenen beschreiben? Bei ihr geht es eher um eine Kluft zwischen dem klassischen patriarchalen und dem modernen Vater, der gerne zu Hause kocht, die Frau bei Besuch mit den Gästen reden lässt, während er dem Baby die Windeln wechselt. Der eine und der andere Vater verstehen sich nicht gut miteinander, sie kämpfen darum, wer von ihnen das Vatermodell der Zukunft sein wird.

Väter sind noch immer diejenigen, die öfter die Familiengeschäfte betreiben, obwohl sich auch das ändert. Familienunternehmen machen 83 Prozent der slowenischen Wirtschaft aus, die Mehrheit des Kapitals wird zwischen Eltern und ihren Nachkommen erarbeitet und wieder verspielt. Noch enger ist die Familienbeziehung, wenn man in die Landwirtschaft schaut, die Erhaltung und Erweiterung des eigenen Fleckchens Erde ist die Urbeschäftigung der Eltern. Wie können sie es anstellen, die Kinder bei sich oder wenigstens in der Nähe zu behalten? Wie ihnen zugleich Freiheiten geben, aber sie doch unter Kontrolle halten? Wer wird sich um sie im Alter kümmern? Und wie teilt man das Eigentum fair unter den Kindern auf und vermeidet das, was in jeder, absolut jeder slowenischen Familie früher oder später geschieht: der Zwist der Kinder, nicht nur um Geld, Erbschaft, Grund, sondern vor allem ums emotionale Kapital. Wer wird oder wurde von den Eltern mehr geliebt?

Ist das pathologisch? Ja, es ist pathologisch. Ist das zermürbend? Ja, auch das. Es ist aber zugleich auch sehr lustig. Will man aus dieser vorherbestimmten familiären Zwickmühle irgendwie einen sinnvollen und lebbaren Alltag machen, dann muss man feiern können. Und die meisten Slowenen lieben es zu feiern. Doch genauso, wie man Arbeit und Familie, Liebe und Eifersucht, Privates und Professionelles schwer auseinanderhalten kann, so kann auch eine Familienfeier in ihr Gegenteil umschlagen. Aber man versucht es wieder und wieder. So sind Hochzeiten, Jubiläen, ja sogar Beisetzungen immer ein guter Anlass, wieder in den Schoß der Familie zurückzukehren oder eben einen neuen Zwist anzufangen. Es ist eine große Ehre, als Fremder dabei sein zu dürfen bei dieser anthropologischen Musterschau von Verwandtschaftsbeziehungen. Aber auch wenn man streitet und störrisch ist, wenn man schreit oder weint, vermisst man einander nach ein paar Tagen doch wieder und verbringt den nächsten Urlaub wahrscheinlich wieder zusammen auf dem gleichen Campingplatz an der Adria. Will man einen Slowenen wirklich verstehen, muss man lernen, Paradoxe auszuhalten, das Irrationale zu lieben, die Starrköpfigkeit als Evolutionsfaktor zu begreifen, stammeshafte Emotionen wichtiger zu nehmen als Argumente und nie etwas als endgültig entschieden anzusehen.

Wir luden einmal einen sehr symphatischen französischen Diplomaten zum Abendessen zu uns nach Hause ein. Bei der Verabschiedung konnte er gar nicht aufhören, sich zu bedanken. Ich war verwundert, es stellte sich heraus, dass er in den acht Jahren, in denen er in Ljubljana auf seinem Posten saß, zum ersten Mal bei Slowenen zu Hause eingeladen war. Er hatte viele Bekannte und war ein aufgeschlossener Mensch, man traf sich aber immer nur in Restaurants und Bars. Ich will nicht behaupten, dass dies die überwiegende Erfahrung von Ausländern in Slowenien sein mag. Menschen in verschiedenen Regionen sind diesbezüglich sehr unterschiedlich, und Slowenen besitzen meiner Ansicht nach ein dem Fremden gegenüber gastfreundliches Wesen. Es gibt aber das Sanktum der Familie, vielleicht auch eine gewisse Scheu, oft mit einem Minderwertigkeitsgefühl und faulen Ausreden verbunden (die Wohnung ist zu klein für Gäste, ich koche nicht gut genug, es ist nicht alles tipptopp sauber), das den intimen Familienkreis unzugänglicher macht als anderswo.

Deshalb kann man die Slowenen eher bei öffentlichen Partys kennenlernen. Am besten bei kleineren lokalen Festen, die es im Übermaß gibt. Sei es das Dorffest, das von der örtlichen Feuerwehr organisiert wird, oder eines der Tausenden von Festivals, von denen das Land in den letzten Jahrzehnten überflutet wurde: das Schokoladefest, die Weintage, die Tage der Bratkartoffel oder das Bogračfest, ein großer Kochwettbewerb zur Zubereitung des besten Bograč, einer Art Gulasch. Vom rudimentären Volksmusiktrubel und den Bergen an weißen Plastikbechern von mit Sprudel gespritztem Wein, im Zelt oder unter dem Sternenhimmel, bis zu den kultivierten Zanderhäppchen und Olivenölverkostungen, den Konzerten experimenteller Musik und allerlei Spielen auf Burgen oder in den alten Stadtkernen: Die Menschen lieben es, die Familienkonstellation zu Hause für eine abendliche Ablenkung zu verlassen, gesellig zu sein, von Fremden angesprochen zu werden, zu feiern. Die Festivalsaison läuft von Mitte April bis Mitte Oktober.

Die beliebtesten offiziellen Feiertage Sloweniens sind: der 1. Mai, den man mit Johannisfeuern überall im Land zelebriert und an dem nicht nur die Arbeiterklasse teilnimmt. Weihnachten mit dem allenthalben üblichen Lichterschnickschnack und dem Shoppingwahn, von dem man sich an einem der vielen Glühweinstände erholen muss. Allerheiligen am 1. November, wenn die Familien zusammenkommen, die Gräber mit Blumen überhäuft werden und man wahre Lichtermeere von Kerzen an den Friedhöfen entzündet. Nicht zu vergessen ein eigener und sehr beliebter Feiertag, der 8. Februar, der schon erwähnte nationale Kulturfeiertag, an dem nicht gearbeitet wird. Er wurde am Todestag des romantischen Nationaldichters France Prešeren im Zweiten Weltkrieg ins Leben gerufen und ist sehr tief in den Menschen verwurzelt als eine nationale Besonderheit.

Für die Mehrheit der Bevölkerung sind Staatsfeiern keine Feiern, sie werden als staatlicher Weihrauch gesehen und als kurzes Aufatmen, ein arbeitsfreier Tag, und damit hat es sich. Im Slowenischen ist das Wort »Staat«, *država*, weiblich. Der Staat ist nicht die Sonne, um die die Slowenen kreisen. Er ist eher eine schlechte Variante der Vaterfigur oder der bösen Stiefmutter, gegen die man rebelliert. Man ist nicht wirklich eins mit dem Staat, nie und nimmer, wenn schon, dann am ehesten noch an den vier oben genannten gesetzlichen Feiertagen. Die Einheit der Gesellschaft fühlt man auch, still und von Region zu Region unterschiedlich, am ein oder anderen der vorchristlichen Feiertage, man ist verbunden am Faschingsdienstag, am *Kupalo*, dem slawischen Mittsommernachtstag, oder am Martinstag.

Die wirklich wichtigen Feiern sind für den Slowenen die Familienfeiern. Essen, trinken und tanzen kann man überall, für einen richtig guten Streit aber braucht man Verständnis.

Die Angst vor dem Schnupfen

Schon der slowenische kommunistische Chefideologe Edvard Kardelj sagte: Slowenien ist Raum in der Luft. Wie die meisten Europäer fürchten auch wir Slowenen uns vorm Hunger, und noch mehr erschüttert uns der Gedanke an den Durst, insbesondere die Abstinenz von Wein, Bier und Schnaps beziehungsweise von anderen Drogen wie zum Beispiel dem manischen Betreiben von Sport, dem besessenen Kommentieren in Internetforen oder dem Meckern. Wir fürchten die Veränderung. Jede Veränderung ist schon ein erschütterndes Eingreifen in unsere Grundrechte, eine Bedrohung und ein Gewaltakt, auch wenn es sich um alkoholfreies Autofahren, Verordnungen zum Tragen von Schutzmasken oder neue Parkverbote handelt.

Die Urangst vor Veränderungen hat durch die letzten fünf Jahrhunderte einen Namen bekommen: die Angst vor den Türken. Verheert von türkischen Streifzügen im 16. und 17. Jahrhundert und mit den 300 Folgejahren des Predigens vom Türkenschreck hat sich der kulturell andere als

Terror im Gedächtnis der Slowenen festgesetzt. Der deutsche Schriftsteller Michael Krüger hat es beim Anblick der berühmten Türkenbildnisse von Ptuj, den *turkerije*, so in einem Gedicht beschrieben: Aber eigentlich fürchten Slowenen noch mehr als die Türken sich selbst. Und der slowenische Dichter Dane Zajc hat einmal gesagt, dass der Slowene vor allem dem anderen Slowenen gegenüber ein echter – also bösartiger – Slowene ist.

Man fürchtet nichts mehr als die immer latente Gefahr, aus der eigenen Sippe verstoßen zu werden, außer vielleicht den Durchzug, weil der Durchzug, so sagt man, Erkältung bringt, und das Schlimmste für die Slowenen ist es, erkältet zu sein. Die Irinnen trinken ihre Pints auch im Winter vor dem Pub stehend mit von der Kälte blau gefleckten entblößten Beinen, die deutschen Kinder spielen auch im Winter in Matsch und Schlamm, nicht unbedingt wie Eskimos gekleidet. Der Slowene aber macht das Fenster auch im Sommer beim geringsten Windhauch zu, auch bei größter Hitze bleiben die meisten Autofenster geschlossen und die Klimaanlage auf die niedrigste Stufe geschaltet. Die Erste, die mich schon vor lange Zeit darauf aufmerksam gemacht hat, war eine Amerikanerin, die, an radikal aufgedrehte Klimaanlagen in den Staaten gewöhnt, im Sommer in den öffentlichen Verkehrsmitteln Sloweniens fast umkam vor Hitze und zurechtgewiesen wurde, sobald sie versuchte, ein Fenster auch nur einen Spalt weit zu öffnen. Es sei schlecht für die Gesundheit, vor allem für die Kinder, belehrte man sie sofort eines Besseren. Das Schlimmste seien der Durchzug, die Rotznase der Kinder und das Husten der Erwachsenen. AIDS, Covid-19, die Pest sind nämlich kollektiv, sie gehören allen Nationen an und kennen keine Grenzen und sind deshalb weniger schlimm als das, wovor man sich bewahren kann – der Schnupfen.

Ich verstehe diese eigenartige Sinnesbewegung der Sloweninnen und Slowenen als eine physiologisch manifestierte Urangst vor dem Fremden. Es grenzt an ein Wunder, dass das kleine Völkchen ohne politische und militärische Macht es ein gutes Jahrtausend im Schatten der großen Imperien geschafft hat, auszuharren und auf den historischen Moment zu warten, in dem man es zu einem eigenen Staat bringen konnte. Natürlich war es auch eine besondere Konstellation, sozusagen eine historische Schicksalsfügung, welche die Schotten, die Katalanen und viele andere in Europa bislang nicht hatten. Vor allem, wenn man in Betracht zieht, dass es sich um ein Völkchen im geografischen und politischen Transitraum Europas handelt, nicht irgendwo in einem strategisch abgelegenen Hinterzimmer.

Es ist umso verwunderlicher, dass die Slowenen nicht zu Friulanern, Ungarn und Österreichern geworden sind, sondern sich verbissen in ihren kleinen, geschützten und hart umkämpften Huben, wie man die mittelalterlichen Ansammlungen von Gehöften nannte, miteinander arrangierten, um zu überleben. Diese Arrangements und Abkommen galten immer mehr als die des Staates, des Königs oder des Feudalherrn. Die Slowenen haben jahrhundertelang im Schatten der Weltgeschichte überwintert, ohne dass sie irgendein Schupfen von der Karte Europas weggehustet hätte. Es verwundert nicht, dass gerade die Bodenständigkeit, ein stark ausgebildeter Identitätsabwehrmechanismus und ein gespaltenes Verhältnis zum meist fremden Herrscher die slowenischen Volkslieder und Erzählungen speisen. Es ist auch nicht verwunderlich, dass bei den Slowenen das Motiv des zehnten Bruders, der siebten Schwester und ähnlich verstoßener oder geopferter Familienmitglieder herumgeistert. Sie alle handeln meistens von dem jüngsten Sohn oder der jüngsten Tochter einer vielköpfigen slowenischen vormodernen Familie, der oder die wegen Armut nichts erben konnte und sein beziehungsweise ihr Glück dann selbst in der großen, weiten Welt suchen musste.

Meist enden solche Lieder und Erzählungen tragisch. Entweder die weite Welt verschluckt oder unterwirft den Verstoßenen und macht ihn zu einem anderen. Auch wenn er es schafft, reich und im Ausland angesehen zu sein, wird er zu Hause von den Eigenen nie wieder akzeptiert.

Die Tragik des verstoßenen Jüngsten geistert noch immer in den Köpfen der Slowenen herum, obwohl die Familien inzwischen radikal geschrumpft sind und der Nachwuchs im Durchschnitt nur noch 1,7 Kinder zählt, was im europäischen Durchschnitt liegt. Der Slowene verstrickt sich in beidem. Er wird von der Familie emotional gebunden, den Geburtsort nicht zu verlassen beziehungsweise so nahe wie nur möglich zu wohnen, die Sprache nicht aufzugeben und sein Leben so zu organisieren, dass man auch im fortgeschrittenen Alter den Eltern zur Seite stehen kann. Auf der anderen Seite ist jeder Slowene auch der zehnte Bruder oder die siebte Schwester, er ist abenteuerlustig und sehnt sich nach dem Ausland.

Im 20. Jahrhundert gab es Wellen von slowenischen Emigranten, anfänglich eine ökonomische Migration in die USA und später nach Lateinamerika. Zwischen 1880 und dem Zweiten Weltkrieg emigrierte aus dem slowenischen Gebiet jeder Vierte, über eine halbe Million Menschen, verglichen mit der Einwohnerzahl war das ein Exodus ohnegleichen. Einer der vielen Tausend Emigranten in die USA war Louis Adamič, der mit fünfzehn Jahren in die Staaten ging und später als Schriftsteller und Journalist eine der wichtigsten Stimmen der Einwanderer, Minderheiten und Arbeiterbewegungen in den USA der Dreißiger- und

Vierzigerjahre wurde. Adamič schildert in Werken wie *Laughing in the Jungle* oder *From Many Lands* eindrucksvoll das Schicksal von Menschen auf der Suche nach einem neuen Zuhause. Zwischen den Weltkriegen kam es zur Massenemigration vor allem nach Deutschland und Frankreich. Nach dem Krieg gab es die Flucht Zehntausender Slowenen aus politischen Gründen, entweder hatten sie mit Hitler und Mussolini kollaboriert, oder sie fürchteten die kommunistischen Nachkriegsrepressalien. Dadurch entstanden große *comunidades eslovenas* in Lateinamerika, vor allem in Argentinien, wo es noch heute üblich ist, dass die nunmehr vierte oder fünfte Generation ausgewanderter Slowenen Slowenisch spricht, und nicht selten schließt man Ehen weiterhin nur unter sich.

Nach dem Zweiten Weltkrieg teilten die slowenischen Gastarbeiter das Schicksal jener aus anderen jugoslawischen Völkern und verbreiteten den Mythos vom reichen Gastarbeiter, der sich mit einem Haus und einem Mercedes, wieder in der Heimat, verdientermaßen zur Ruhe setzt. Ich kann mich noch an die Achtzigerjahre erinnern, als wir Kinder mit Riesenaugen die Spielzeuge unserer Altersgenossen aus Deutschland anstarrten, die mit ihren Vätern oder Onkeln nach Jugoslawien in den Urlaub fuhren. Wir hatten keine Ahnung von Politik, nur eines war klar: dass es im Westen immer besser war.

In den letzten Jahrzehnten gab es eine viel breiter gestreute Migration von vor allem hoch qualifizierten jungen Menschen, die ihr Glück in Berlin, London, in New York oder Chengdu suchten. Viele kommen zurück. Viele ziehen wieder fort. Die Welt ist geschrumpft, es scheint, dass es keine exotischen fernen Schlaraffenländer mehr gibt, wo Honig und Wein in Hülle und Fülle fließen, wo man ganz frei aufgenommen wird und der Preis für die Auswanderung niedrig ist. Das Konzept für viele ist eher, auf zwei Beinen zu stehen, ein Bein in Slowenien, ein zweites in der Welt. Was man nicht in Slowenien kriegt und was man sich hier aus verschiedensten Gründen nicht erlauben darf, macht man anderswo, und umgekehrt. Anders als die Ammen, die um 1900 ihre Familien im slowenisch-Triester Hinterland verlassen mussten, um in Alexandria bei reichen Familien die Kinder zu stillen und großzuziehen und Geld nach Hause zu ihren eigenen Kindern und Männern zu schicken.

Die sozialen Bänder sind heutzutage in Slowenien viel dehnbarer geworden. Wer zurückkommt, hat in den Augen der Einheimischen nicht nur die Flucht ergriffen, er bringt auch bestimmt etwas Eigenartiges, Seltenes und Wertvolles (außer reichlich Geld) mit, und das löst Interesse aus und lockt zur Annäherung. Auch wenn man dabei riskiert, sich einen exotischen Schnupfen einzufangen.

Die Außenwelt der Innenwelt der Außenwelt: Geschäftslogik und Politik der Träume

Der Slowene zieht die langweilige Stabilität dem permanenten Adrenalinausstoß des unendlichen Neuverhandelns vor. Als Jugoslawien 1991 zerfiel und westliches Kapital über die neu gegründeten Staaten herfiel, hörte ich immer wieder, wie sich deutsche, französische, österreichische, niederländische Manager über die Verhandlungsrituale im östlichen Teil des ehemaligen Vorzeigelandes des Kommunismus beklagten. Wenn jemand aus einer Handschlagkultur kommt, in der, idealerweise, jede auch nur mündlich getroffene und mit einem Handschlag besiegelte Absprache gilt, verläuft er sich schnell im Labyrinth von endlosen Neuabkommen und Neuverhandlungen und vorher nicht dargelegten Tatsachen und neuen Gesetzesartikeln und besonderen Ausnahmen, die nichts Fixes sind, sondern ein einziger spielerisch-brutaler Lebensfluss – mit möglicherweise großen Gewinnen und noch größeren Verlusten. Doch so weit im Spiel ist der Slowene dann doch nie gekommen, und deshalb hat ihn sich der Westen als braves

Vorzeigeexemplar auserkoren, als Musterschüler, so genannt mit einem zugedrückten Auge.

Der Slowene mag Handschläge, doch misst er ihnen nicht die absolute Bedeutung zu, die sie anderswo haben mögen. Der Slowene liebt das Papier, nicht nur zum Verfassen von Gedichten, er liebt insbesondere das Papier, auf dem Verträge gedruckt sind. Noch mehr als Verträge liebt er Vertragsdeutungen, Neuinterpretationen, Vertragsergänzungen, Annexe und alles, was den Papierstapel schneller anwachsen lässt. Vor allem liebt er klein gedruckte Klauseln, er liebt das Gerichtswesen, Gerichtsprozesse, Anwaltskanzleien, Zeugenvernehmungen, und sich Gegenbeweise zu beschaffen ist eine der beliebtesten Freizeitaktivitäten des Landes, man verklagt, man erhebt Gegenklagen, man klettert oft jahrzehntelang brav und langsam vom niedrigsten Kreisgericht in Richtung Verfassungsgericht oder gar zu einem europäischen Gerichtshof hinauf, aber alles ist brav auf dem Papier hinterlegt, beim Notar und beim Anwalt, denn Geschäfte werden immer auf dem Papier, nicht bloß im Restaurant oder im Nachtklub abgewickelt. Über eine halbe Million gerichtlich zu verhandelnder Fälle beträgt der Jahresdurchschnitt in Slowenien, eine gewaltige Zahl, bedenkt man die Anzahl der Einwohner.

In der östlichen Variante des Geschäfteabwickelns wird man im permanenten Verhandeln bis zum bitteren Ende aufgerieben. Oder man infiziert sich mit dem Verhandlungsvirus und nimmt es als eigene, spannende und dynamische Lebensform an. Weil alles zur möglichen Neuinterpretation von schon geschlossenen und besiegelten Abkommen wird, weil man 24 Stunden am Tag auf der Lauer liegen muss, revoltiert man innerlich früher oder später, die einen werden schlicht verrückt, die Gewiefteren versuchen, diese unaushaltbare Lage mit exzessiver Lebensführung zu unterwandern, wobei der Wille zum Neuabkommen in das Privatleben überschwappt. In Slowenien wird das Leben nach wie vor von der Arbeit getrennt. Die Arbeit kann Hauptsache und Ziel sein, doch ist sie nie und nimmer das ganze Leben. Das Leben steckt in Slowenien immer irgendwo anders, bei den Kindern, in der Kunst, im morgendlichen Leuchten über den Bergspitzen, beim Sex oder in der Briefmarkensammlung, nur in der Arbeit steckt das Leben nie, wenigstens nicht ganz. Wer das anders sieht, wird als deutsch abgestempelt.

Ehrlichkeit ist im Geschäftsleben groß angesagt und wird hochgehalten. Urvorbilder, die auch in höchsten Geschäftskreisen immer wieder aufgerufen werden, sind der ehrliche Bauer und sein simpler Verstand. Man soll Geschäfte mit Bauernschläue abschließen, auch wenn es sich um Kryptowährungen handelt. Der Kryptowahn hat das Land stark eingenommen. Es wütete nicht nur Covid-19, sondern zuvor litten viele unter schlimmem Kryptowährungsfieber, gegen das der zeitweilige tiefgreifende Wertverlust von Bitcoin & Co und der Verfall lokaler Kryptowährungen wie Quantum ein guter Impfstoff waren. Es ist ein riesiger Denkspagat, den die Slowenen in den letzten vierzig Jahren durchmachen mussten. Von einer radikalen, staatsgeführten Ökonomie, die sich fest vorgenommen hatte, den Arbeiter in entscheidungstragende Funktionen in den Staatsbetrieben einzubinden, über die Privatisierung des Staatseigentums und schließlich den wilden Aufschwung des Privatkapitals, den Siegeszug der großen Unternehmen, bis zu dem heutigen Glücksspiel an der Börse und dem unmäßigen Drang nach schnellem, leicht verdientem Geld auf der einen und alternativen Formen des Wirtschaftens auf der anderen Seite.

Der Slowene hat zwei Möglichkeiten. Entweder er ist erfolgreich und muss sich wegducken oder gar aus dem Land flüchten, denn sein Vermögen soll und darf nicht offen hergezeigt werden. Oder er gehört der arbeitenden Mehrheit an, er hat eine Eigentumswohnung oder ein Haus, ein paar Kredite, einen eigenen Garten, ein bis zwei Autos, er empört sich, dass Slowenien nicht die Schweiz ist, und protestiert gerne gegen Ungerechtigkeit und korrupte Regierungen. Er sehnt sich nach einer Stabilität, in der er mehr Freizeit hätte als Arbeit und doppelt so viel Geld verdiente, als er es tut. Obwohl der Slowene insgeheim weiß, dass ihm zu viel Freizeit schadet, weil er dann mürrischer und noch neidischer wird, als er es eh schon ist.

Auch im Geschäftswesen sehnt man sich nach Stabilität. Die Slowenen investieren am liebsten in Grundstücke und kaufen Häuser oder Wohnungen – wenn es möglich ist, in Ljubljana oder am Meer. Man baut fleißig Spielautomaten fürs Ausland und Casinos an der Grenze zu Italien und Österreich, um die Nachbarn samt ihren Portemonnaies ins Land zu locken. Wenn man in Spielfeld die Autobahngrenze überquert oder bei Nova Gorica, dann sieht man auf Gewerbehallen, fensterlose Bauten, die mit Las-Vegas-Leuchtreklamen aufgepeppt wurden, was sogar das umliegende dichte Grün erblassen lässt.

Aber auch hinter diesen Etablissements mit nicht selten dubioser Aktivität verbirgt sich ein Teil der sogenannten Bauernlogik, die dem Hausherrn oder der Hausherrin vorschreibt, nicht mehr ausgeben zu dürfen, als er oder sie erwirtschaftet. Auch gewisse Tricks und kleine Gaunereien sind nicht unerwünscht, sondern durchaus Teil der Geschäftsmoral des Slowenen. Der ehrenhafte Schmuggler, der gute Gauner, der rechtschaffene Ganove, der sich selbst als Maß aller Dinge sieht und so gegen das bösartige System rebelliert oder es wenigstens stillschweigend korrigiert. Denn das System ist für den Slowenen seit jeher ein ausbeuterisches und ungerechtes.

Durch unsere Geschichte der letzten tausend Jahre hindurch waren es fast immer fremde Landesherren, Herrscher, Fürsten und Könige, die uns unser schwer verdientes Geld weggenommen haben. Eigentlich kann man das kommunistische System nach dem Zweiten Weltkrieg mit seiner ökonomischen und sozialen Gleichstellung der enteigneten Großindustriellen und der Syndikalisten als Weiterführung dieses Revoltegedankens der ausgebeuteten Bauern und Arbeiter verstehen. Kulminiert drückt sich dieser Gedanke im politischen und ideologischen Werk Edvard Kardeljs aus, des slowenischen Hauptideologen und der rechten Hand Titos, der in den Siebzigerjahren das sogenannte Selbstverwaltungssystem in ganz Jugoslawien einführen ließ. Seine Hauptprämisse war es, eine Arbeitergesellschaft zu bilden, in der in jeder Art von Gesellschaftsorganisation die Mitglieder über alles mitbestimmen sollten. Es hört sich wunderbar an, in der Praxis war das aber weniger glatt umsetzbar, und Jugoslawien geriet Ende der Siebzigerjahre in schlimme wirtschaftliche Krisen. Das vom Bildhauer Drago Tršar erschaffene Monument zu Ehren Kardeljs steht noch immer auf dem Platz der Republik in Ljubljana, es zeigt eine Menschenmenge aus Bronze, fünfzehn Personen mit undefinierten Gesichtszügen, nur die eine, die führende, ist klar erkennbar – Kardelj.

Man kann es ihnen nur schwer recht machen, den Slowenen. Zu kommunistischen Zeiten fühlten sich viele unterdrückt, und vor allem die besser Ausgebildeten wussten genau, dass hinter der Grenze die Löhne für die gleiche Arbeit um ein Zehnfaches höher lagen. Nachdem er die sogenannte freie Wirtschaft bekommen hat, ist der Slowene nun wieder nicht zufrieden, weil der Kapitalismus ungerecht ist und die Arbeit kein Ende nimmt. Man ist also nie eins mit dem ökonomischen System, so wie man nie eins mit dem Staat ist. Wenn der Slowene vom Staat begünstigt wird, dann geschieht das zu Recht, sobald ihm aber etwas nicht passt, wird über den Staat, die korrupte Politik, die Missstände und generell über die anderen laut geschimpft. Es ist verpönt, für gesellschaftliche Errungenschaften Lob auszusprechen. Was immer auch Gutes passiert, passiert für den Slowenen deshalb, weil es der Logik der Dinge entspricht und sozusagen unumgänglich war. Über den Rest aber wird reichlich gemeckert und gejammert. Immer wieder ist man der arme, ausgebeutete Bauer, auch wenn man zwei an die Mutter überschriebene Eigentumswohnungen besitzt, die Sozialkasse für die Kinder zahlt und in einem neuen Audi seine Runden dreht.

Diese Jammerlogik, unterfüttert von billigem Populismus, führte zur einer starken Polarisierung in der slowenischen Gesellschaft und Politik. Und obwohl das Wahlsystem in Slowenien ein proportionales ist, das die neunzig Parlamentssitze meist unter wenigstens sechs bis zehn Parteien splittet, gibt es alte Bündnisse, die es fast in der Mitte wie einen runden Brotlaib aufteilen. So wurden in den letzten Jahrzehnten immer wieder neue Koalitionen, neue Regierungen gebildet und neue Regierungschefs ein- und ausgewechselt, oft in einer Frequenz, bei der man als Beobachter der Entwicklung fast nicht mehr folgen konnte. Überwiegend waren die Regierungen linksliberal bis neoliberal, was immer das heutzutage heißen mag. Denn eines sehen und sammeln die Slowenen so gern und so oft wie Pilze: neue Gesichter in der Politik. Und es gibt sie reichlich, obwohl es den Anschein hat, dass die politischen Spielleiter seit dreißig Jahren dieselben geblieben sind. Die

Politik ist neben dem Fußball das beliebteste Plauderthema im Land, also zieht sie viele in ihren Bann. Viele versuchen sich in ihr, aber nur die wenigsten bleiben ihr verschrieben. Ein, zwei Skandale, und man ist raus. In Slowenien hat man die Politik zum Abstellgleis gemacht. Kompetente Menschen, die selbst etwas aufgebaut haben, verschlägt es immer seltener in die Politik. Dazu tun die Parteien zu wenig, um ihren Nachwuchs auszubilden. Man hat zwar ein einmaliges System der Studentenselbstverwaltung entwickelt, bei der Studierende über einen Teil der für sie bestimmten Gelder in einem Studentenparlament entscheiden, es gibt eine Studentenregierung, politische Studentenfraktionen, Studentenfakultätswahlen, aber ob das wirklich zur politischen Kultur des Landes langfristig beiträgt, ist fraglich.

Im Jahr 2020 hatte ich zusammen mit einigen slowenischen Intellektuellen die Gelegenheit, mit dem deutschen Bundespräsidenten in Ljubljana zu Mittag zu essen. Steinmeier erwies sich schnell als ein Kenner der Lage auf dem Balkan, und wir sprachen ein wenig darüber. Was ihn verwunderte, war, dass es auch in Slowenien Probleme gibt. Probleme, bei Ihnen? In Rumänien und Bosnien vielleicht, aber hier? Es ist das Janusköpfige des Slowenen, der sich der Außenwelt gegenüber einheitlich und problemlos präsentiert, als harmloses Kaninchen, nach innen ist er aber alles andere als harmlos. Inzwischen haben der Protesttrubel in den Pandemiemonaten und das provokative Auftreten des Premierministers Janša in europäischen Institutionen dieses Bild des problemlosen Schülers getrübt. Mit der wachsenden politischen Polarisierung im Land kann man eine schnelle Wiederkehr zum niedlich-langweiligen Image Sloweniens auch in absehbarer Zukunft kaum erwarten (so der Stand Ende 2021).

Fran Levstik war sich dessen vielleicht bewusst, als er die Erzählung über Martin Krpan schrieb und so mit einer kurzen Kindergeschichte ein nationales Gefühl in Worte fasste und einen Mythos erschuf. Krpan ist ein kräftiger Bauernbursche, der vom österreichischen Kaiser an den Wiener Hof bestellt wird, als letzte Hoffnung, das Land vor dem schlimmen Riesen Brdavs zu retten. Krpan mit seiner Bauernlogik besiegt den Riesen. Dafür will er als Belohnung nicht das Übliche, also das halbe Kaiserreich, auch nicht die Hand der Prinzessin, sondern er will den Salzschmuggel, den er zuvor illegal betrieben hat, legalisieren. Die Minister sind dagegen, der besonnene Regent aber stimmt zu. Wenn man heute die eineinhalb Jahrhunderte alte Erzählung slowenischen Kindern oder Erwachsenen vorliest, wird der Held als ehrlicher Retter wahrgenommen, der versucht, mit einem oppressiven System zurechtzukommen, und es dabei am Ende sogar rettet. Nie wird Krpan als eigenwilliger Schmuggler gesehen, was er eigentlich aus des Kaisers Sicht – und damit aus der Sicht des Systems – doch war.

Für den Slowenen ist die Welt mit ihren Gesetzen und Machenschaften nie die, die sie sein sollte. Wenn man ihn fragt, was das denn für eine Welt wäre, wird er meistens mit einer Negation antworten: nicht diese, sondern eine andere. Wenn man dann präziser hinterfragt, was er sich unter einer idealen Welt vorstellt, wird er wahrscheinlich verärgert und mürrisch reagieren. Eigentlich spiegelt sein Umgang mit dem Gesetz und den Machthabern sein Verhältnis zur Realität wider. Keine, schon gar nicht seine eigene Realität, ist eine gute. Die einzige gute Realität ist die nicht vorhandene.

Jeder EU-Mitgliedsstaat hat seine eigenen Embleme auf den Cent- und Euromünzen. Auf den deutschen Zehn-,

Zwanzig- und Fünfzigcentmünzen findet man das Brandenburger Tor. Man kann nach Berlin fahren und es besichtigen. Auf der slowenischen Zehncentmünze ist ein Gebäude abgebildet, das es nie vom Papier in die Wirklichkeit geschafft hat, Jože Plečniks Entwurf für ein nie gebautes slowenisches Parlament. Plečnik nannte es die »Kathedrale der Freiheit«. Auch das bleibt bei den Slowenen eine gängige Währung, der Traum von einer Freiheit, die man wahrscheinlich nur erträumen kann. Würde man sie in die Realität umsetzen wollen, wäre es für die Slowenen nämlich keine Freiheit mehr.

Der Idiot, der Karneval und das Genie

Es gibt nichts Wichtigeres für den Slowenen, als einem inneren persönlichen Freiheitsgefühl gerecht zu werden. Meist ist das nicht möglich, man hat immer jemanden, der einem in die Suppe spuckt, den Staat, den Chef am Arbeitsplatz, die Mutter, den Partner, den Hund, den Nachbarn, das Wetter, Gott. Zugleich muss der Slowene auch mit seiner historisch bedingten Furcht zurechtkommen. Was jetzt ist, kann morgen schon nicht mehr sein, die Realität ist immer im Wandel und extrem instabil. Die Geschichte lehrt ihn, ständig auf der Hut zu sein.

Politisch sieht er sich um. Er schaut nach Katalonien. Er schaut zu den Schotten. Er schaut auf die Streitigkeiten im eigenen Parlament. Er sieht, wie fragil die eigene Staatlichkeit, das eigene Selbstbehauptungsvermögen ist. Man empfindet sich ja nur als kleine Vorspeise auf dem reichlich gedeckten Tisch europäischer Politik. Der Slowene schaut auf die Jugend, die zunehmend Englisch als Kommunikationssprache benutzt, und auf die Sterberate von kleinen

Sprachen und ist verängstigt, ja empört, wenn große Technologieunternehmen des Silicon Valley versuchen, die strengen Sprachschutzgesetze seines Landes zu umgehen. Er schaut auf die neuen Kapitalisten im Land, die neuen Eliten, die keine nationalbildenden Gedanken im Kopf haben, sondern international, kosmopolitisch, meist farblos und geruchlos erscheinen, er weiß, auf sie ist kein Verlass, und er ist verunsichert. Werden sie nicht schon morgen lieber in Davos oder in Florida das Tanzbein schwingen? Der Slowene schaut auf die sanft abebbende Geburtenrate, auf die überalternde Bevölkerung und auf das zunehmend unvorhersehbare Wetter. Es verwundert nicht, dass der Slowene in Sachen Zukunftsaussichten apokalyptisch gestimmt ist.

Aber zum Glück packt ihn die Untergangsstimmung nur am Montagmorgen vorm Aufstehen und bei Beerdigungen. Die meiste Zeit sieht er sich selbst in der Weltordnung eher pragmatisch. Man ist praktisch, klein und unwichtig. Und frei, freilich. Und wenn ihm der eigene Staat mit seinen Gesetzen und Verordnungen Grenzen setzt, dann flüchtet der Slowene ins Irrationale. Was von draußen als eskapistische oder gar absurde Haltung erscheinen mag, ist oft das Ergebnis von Realitätsflucht. Denn Dummheit und Genialität sind ja bekanntlich zwei Seiten derselben Medaille, beide werden aus einem Amalgam von Fantasie und Freiheitsdrang geprägt.

Der Schriftsteller Fran Milčinski hat vor gut hundert Jahren den Urtypus des slowenischen Idiotendorfes, das er »Butale« taufte, eingefangen. Und wenn die Slowenen heutzutage über sich selbst und die eigene Dummheit herfallen, gebrauchen sie dabei meist die von Milčinski erfundene Bezeichnung der Bewohner des Dorfes, *Butalci*, für die Dummen. Es handelt sich um ein Dorf, dem der liebe Gott alles geschenkt hat – außer Vernunft. Die *Butalci* ziehen deshalb in die weite Welt und kaufen reichlich Vernunft ein und bringen sie in einem großen Fass wieder nach Hause. Es ist eigentlich unwichtig, dass man sie reinlegte und ihnen eine Maus im Fass verkaufte. Das einzig Wichtige für die Bewohner des Dorfes Butale ist, dass jetzt auch sie, so wie alle anderen umliegenden Dörfer, Vernunft haben. Als die Maus bei der Heimkehr aus dem Fass direkt ins Gesicht des Bürgermeisters von Butale springt, der die Vernunft wichtigtuerisch empfangen wollte, ist keiner verärgert. Im Gegenteil, man freut sich, dass die neu angeschaffte Vernunft bald reichlich Nachwuchs bekommen wird.

Milčinski war ein angesehener Richter in Ljubljana und wurde von Gerichtsverfahren inspiriert. Sein Sohn war der slowenische Satiriker Fran Milčinski Ježek, nach dem der wichtigste Satirikerpreis des nationalen Fernsehens benannt ist und der bis heute denkwürdige Auftritte auf der Filmleinwand, zum Beispiel im unvergesslichen Jugendklassiker *Kekec*, hinterlassen hat. Er war ein begnadeter Liedermacher. Seine Chansons mit ihren tragikomischen Texten voller *hrepenenje* und schwarzem Humor sind bis heute Standards. Sein Enkel, Juš Milčinski, ist einer der Begründer der Impro-Liga, einer sehr beliebten Form des Improvisationstheaterwettkampfs, bei dem das Publikum über den Sieger entscheidet. Freunde von mir, die kein Wort Slowenisch verstanden, besuchten diesen Wettkampf einmal und hatten einen tollen Abend, sie fühlten sich selbst als *Butalci*, alle um sie herum haben sich totgelacht, nur sie, die kein Wort verstanden, lachten über das Lachen der anderen.

Dass Gesellschaftskritik und unrealisierte Freiheitsträume zu absurden, satirischen oder komödiantischen Ausdrucksformen führen, ist nichts Ungewöhnliches. Traditionellerweise erfährt die unterdrückte Welt ihre Blütezeit jedes Jahr pünktlich zum Fasching, der mancherorts wie in Deutschland auch »die fünfte Jahreszeit« genannt wird. Schon ein schneller Blick auf die Faschingskostüme und -masken aus allen Ecken und Enden des Landes zeigt den bäuerlichen Ursprung des Faschings in Slowenien. Sei es der berühmte Kurent aus Ptuj mit seinem zotteligen Outfit, dessen rituelle Umzüge UNESCO-Weltkulturerbe geworden sind, die *Škoromati*, die die Küstenregion unsicher machen, die *Grdi* beziehungsweise Hässlichen aus dem Sočatal oder eine Kieferhochzeit in Prekmurje – vielerorts wird eine innige Verbundenheit mit der Natur zelebriert, der Kampf gegen das Böse wird aufs Neue aufgenommen, und vor der anstehenden Fastenzeit werden reichlich Kalorienvorräte aufgestockt. Ein spitzbübischer, spöttischer Charakterzug des Slowenen erwacht, und er ist nicht so schnell wieder von der Bühne zu vertreiben.

Beim Fastnachtstreiben in Slowenien sollte man nicht die versonnene Mainzer Fastnacht, keine edlen Hüte und großen, eloquent elaborierten Karnevalsdispute vor Augen haben, noch weniger den eleganten venezianischen Karneval mit seinen opulenten Kleidern. Es sind meist Tierfelle, Kleiderreste, schräge Hüte, Knochen, bunte Bänder, jede Art von abschreckenden Hilfsgegenständen, die die slowenischen Fastnachtscharaktere zu denjenigen machen, von denen die, die in ihnen stecken, das ganze übrige Jahr hindurch träumen. Obwohl vielerorts der Karneval auch in Slowenien zunehmend zu einer Zurschaustellung von Supermarktkostümen wird, sind es vor allem die ortstypischen und ethnografisch einmaligen Masken, die ihre Anziehungskraft auf Besucher und Einheimische zugleich entfalten. Man hat sich – wie im vorigen Jahr und in den Jahren davor – wieder selbst versprochen, diesmal werde man sich nicht mehr vom Geläut, dem Krachen und den geselligen Umzügen mitreißen lassen, aber dann ist es so weit, und man kann nicht anders, als zusammen mit den anderen den Frühling tobend, trinkend und tanzend herbeizurufen und die im Winter verlorene kosmische Ordnung durch organisierte kollektive Unordnung wiederherzustellen.

In Slowenien haben die größeren Städte meist nicht viel mit dem Karneval am Hut. Karneval in Ljubljana, Maribor oder Murska Sobota, das ist wie Disco in der Wüste. Man muss raus, in die Provinz, um den Karneval zu erleben. Je tiefer man in die Provinz vordringt, desto größere Chancen hat man, außer jeder Menge Krapfen und Glühwein wirklich Eindrucksvolles mit nach Hause zu nehmen. Schon in kleineren Städten und Orten in unmittelbarer Umgebung der größeren löst der Karneval kollektive Ohnmacht aus. In Ptuj, der slowenischen Karnevalshauptstadt, deren »Kurentovanje« zugleich ein internationales Ethnofest ist und von Lonely Planet vor Jahren als einer der Top-Ten-Karnevals in der Welt geehrt wurde, hat man ihn auch in Zeiten der Pandemie trotz aller Ausgehverbote durchgeführt – zwar nicht organisiert, aber als spontane Revolte der Menschen gegen die Ungerechtigkeit des Universums. Auch in anderen Karnevalshochburgen, in Cerknica, Cerkno und Mozirje, ist das Karnevalsfest ein zentrales Ereignis, ohne das man sich das Jahr nicht vorstellen kann. In jedem dieser Orte wird das öffentliche Leben in den Karnevalswochen ganz dem großen Fest unterworfen. Kostümgruppen bereiten sich monatelang auf die Umzüge vor, vielerorts lebt der Fasching aber wirklich in den Dörfern, man braucht nur nach Markovci oder Lancova Vas oder nach Brkini zu fahren und sich mitreißen zu lassen.

Wie schon gesagt lieben wir Slowenen herausragende Persönlichkeiten nicht besonders, denn diese verstoßen gegen unseren Gleichheitsglauben, erzeugen Misstrauen und Eifersucht. Nur im Karneval ist es erlaubt, ja sogar erwünscht, aus der Reihe zu tanzen, Riesenunfug zu treiben und dafür obendrein mit Zuneigung und Applaus belohnt zu werden. Deshalb ist die slowenische Politik immer auch ein wenig Karneval, denn man muss sich ja eine Maske aufsetzen, um innerhalb der Politik überleben zu können. Und das gilt nicht weniger im öffentlichen Leben. Die Slowenen mögen keine »normalen« Helden, Menschen, die Außergewöhnliches geschafft haben, aber trotzdem den Eindruck der Alltäglichkeit vermitteln. Nein, man liebt den genialen Idioten, den Hofnarren, denjenigen, der verschlüsselt und maskiert die Wahrheit sagt.

Die Popularität des weltweit bekanntesten slowenischen Philosophen Slavoj Žižek könnte man auf seine provokativen, intellektuell weitsichtigen Aussagen, seine Bücher über Hegel, Marx und die Oper, seine unermüdliche Arbeitsproduktivität zurückführen. Zu Hause aber wäre Žižek nie der Begründer einer Philosophieschule geworden, hätte nie das öffentliche Ansehen, das er genießt, erreicht, ohne auch ein wenig den Hofnarren gespielt zu haben. Wenn Žižek einem Fernsehteam bei sich zu Hause in Ljubljana die Kommode öffnet und die eigene Unterwäsche zeigt, macht er das aus der Position heraus, die der Slowene am innigsten im Herzen trägt: aus einer inneren Freiheit. Und aus dem Impuls, Unfug zu stiften, nicht zu gefällig zu sein, sondern als agent provocateur, als Trickster und Kobold zu agieren. Insofern hat der international beliebte slowenische Imitator und Parodist Klemen Slakonja ins Schwarze getroffen, als er kongenial Žižek (und Wladimir Putin, Angela Merkel und viele andere, alles auf YouTube zu sehen) als zugleich moderne philosophierende Popikone und mittelalterlichen Bauern nachgezeichnet hat.

Das sicherste Land in unserem Sonnensystem?

Ich sitze beim Friseur und lausche einem Gespräch zwischen der Praktikantin, die kubanische Wurzeln hat, und einem Kunden, der aus Italien nach Slowenien gezogen ist. Die einheitliche Meinung beider ist, dass es zwei Gründe gibt, um nach Slowenien zu ziehen: die Arbeit und die Liebe. Ich fühle mich provoziert und grüble im Stillen unter dem Schnippen der Schere nach. Am Ende fällt mir noch ein dritter möglicher Grund ein: die Sicherheit.

Als mein Sohn geboren wurde, wollten wir mit dem Säugling verreisen. Meine Frau und ich taten etwas, was wir ansonsten nie machen würden, wir tippten »sicherste Reiseziele für Familien mit Kindern« in die Suchmaschine und fanden Sekunden später heraus, dass wir bereits am Ziel unserer Reise angekommen waren, noch bevor wir unsere Pantoffeln ausgezogen hatten.

Noah Charney, ein in Slowenien lebender amerikanischer Autor, der einen Bestseller über Slowenien mit dem Titel *Slovenology* geschrieben hat, wiederholt es im Buch immer wieder: »In Slowenien ist die Mordrate beruhigend niedrig, nur 0,7 Morde pro 100 000 Einwohner, damit gehört sie zu den niedrigsten der Welt.« Zum Vergleich: In den USA hat sich die Mordrate bei 3,8 Morden pro 100 000 Einwohner eingependelt. Auch der slowenische Tourismusverband wirbt fleißig mit der Sicherheit: der achte Platz im Rating von 163 Staaten weltweit im Global Peace Index und der letzte, 138. Platz beim Global Terrorism Rating.

Was hat es mit der Sicherheit auf sich? Sind die Leute in Slowenien wirklich superpazifistisch veranlagt? Oder ist Slowenien ein Polizeistaat und die Überwachung so dicht, dass nichts passieren kann? Ich würde sagen, keines von beiden. Es handelt sich eher um die Unmöglichkeit der Anonymität. Das Dorf regiert auch in den Städten, man kennt den Nachbarn, wenn auch nur flüchtig, und passt immer ein wenig auf, dass die Kinder von nebenan die Eingangstür nicht aus Versehen offen lassen. Die Kehrseite der Sicherheit ist der von vielen beklagte Verlust von Anonymität. Man kann als Tourist unerkannt ein paar Tage oder Wochen durchs Land streifen, ganz für sich und ungestört leben aber kann man in Slowenien nicht.

Offen gestanden, mir wurde in den letzten 25 Jahren in Ljubljana zweimal das Fahrrad gestohlen. Das eine Mal habe ich es am nächsten Tag ein paar Hundert Meter von dem Ort, an dem ich es angeschlossen hatte, wiedergefunden. Ich kenne zwei Fälle von Familien, in deren Einfamilienhäusern am Rande der Stadt eingebrochen wurde. Und ich weiß von einem Fall, wo die Polizei Touristen bestrafte, weil sie die Straße nicht auf dem Zebrastreifen überquerten. Ansonsten ist es normal, Polizisten anzusprechen und um Hilfe zu fragen, wenn nötig. Das ist leider nicht überall in der Welt so.

»Das Einzige, vor dem ich mich in Slowenien wirklich fürchte, sind die verrückten Autofahrer«, schreibt Charney in seiner *Slowenologie*, und dem kann man leider nur zustimmen. Einmal hat ein Australier, der schon einige Monate in Slowenien lebte, während der Fahrt angefangen mich schreiend zu warnen, das Tempo zu drosseln: »Langsamer, langsamer, siehst du das Autokennzeichen vor uns nicht? CE – Celje –, I tell you, these guys drive like crazy.«

TEIL 2: VON DEN SINNEN

Essen und essen lassen

Wenn man reist, muss man ab und zu auch mal was essen. Manche machen es umgekehrt, sie reisen, um zu essen. Manche finden, Reisen ist gleich Nahrung, wenigstens für die Seele – denn auch der Körper will das Seine. Manche essen nur das, was dort wächst, wo sie hinreisen. Manche essen nur, was sie von zu Hause kennen. Globale Futterkrippen wie McDonald's sind stolz auf die enorme Leistung, dass ihre Hamburger in Sydney und in Ptuj genau gleich schmecken. Andere schwören auf Fusion, World Kitchen, mixen am liebsten die ausgefallensten Zutaten zusammen und versuchen, etwas Unvergessliches zu zaubern – nicht selten ist danach auch die Rechnung unvergesslich. Faktum ist: Sät man die gleichen Karottensamen in den sandigen Boden von Mecklenburg oder in den eher lehmigen Boden in der Štajerska – dann schmecken sie ein wenig anders. Der Boden und die Witterung und die Menschenhand machen den Unterschied. Wenn wir essen, essen wir das alles mit, wir verkosten den Ort, an dem etwas gedeiht, den Ort, an dem etwas zubereitet wurde, und werden durch die Nahrungsaufnahme selbst ein wenig zu diesem Ort.

Wir könnten noch lange darüber nachsinnen, welches Gemüse und Obst, welche Fleischgerichte, welche Geschmäcker und Spezialitäten sich wo aus welchen Gründen verankert haben. Tatsache ist, dass es Besonderheiten überall gibt, und auf geografischen, pedologischen – wie die Wissenschaft von der Erde heißt – und klimatischen Schnittstellen wie Slowenien sind sie eben zu einer sehr eigenen und sehr diversen Melange geworden. An Einflüssen und Zutaten fehlt es nicht; woran die slowenische Küche lange Zeit überwiegend litt, waren der Konservatismus und ein Mangel an Experimentierfreude. Das hat sich in den letzten Jahrzehnten aber radikal geändert.

Slowenien ist der Ort, an dem wenigstens vier – wenn nicht noch mehr – große Kochtraditionen aufeinandertreffen und sich vermischen: die mediterrane italienische Küche mit ihrem Olivenöl, die kakanische Wiener Küche mit ihrem Mehl, die ungarische Küche mit der süßen Paprikaschote und die Balkanküche mit ihrem Fleisch. Schauen wir uns im Folgenden ein paar der Köstlichkeiten an, ohne die sich die Slowenen ihr Leben nicht vorstellen können.

Erdäpfel

Der Erdapfel ist ohne Zweifel der König der slowenischen Küche. Was wären die armen Slowenen ohne Lateinamerika, woher der Erdapfel stammt! Sie hätten kein Glück. »Imeti krompir«, »Kartoffeln haben« – das heißt auf Slowenisch Glück haben. Von allen Kartoffelarten, die Maria

Theresia per Dekret anbauen ließ, vom frühen Kifeljčar bis zur Spätkartoffel, die bis zu drei Monate fürs Heranreifen braucht, und den Hunderten von neu gezüchteten Kartoffelsorten, ist das Nonplusultra alles, was dem Slowenen als Bratkartoffel dienen kann. In Šenčur hat man der Kartoffel und Maria Theresia, der Beschützerin gegen den Hunger, ein Monument aus Bronze und Marmor errichtet, und der Verband für die Anerkennung der Bratkartoffel als selbstständiges Gericht, der auf seiner Webseite mit dem Slogan »Vorwärts, für die Heimat mit der Bratkartoffel!« patriotisch wirbt, führt seit über zwanzig Jahren die größte Bratkartoffelveranstaltung der Welt durch, das Weltfestival der Bratkartoffel. Jedes Jahr finden sich in einer jeweils anderen slowenischen Stadt bis zu hundert Bratkartoffelbrater- und -schmorteams zusammen und schälen und hacken und schneiden und braten die Kartoffeln nach besonderen Rezepturen mit Schweineschmalz, Zwiebeln und meist streng geheim gehaltenen Zutaten, von Pilzen bis zu geräuchertem Fleisch, sodass der ganze Ort und die Zehntausenden von Verkostern im Bratkartoffelsaus und -braus und vor allem im Bratkartoffelgeruch untergehen.

Neben der Bratkartoffel gewinnt die Jacket-Potato-artige Čompe (auszusprechen wie »Tchompe«) an Popularität. Und das nicht nur wegen der gleichnamigen absurden Ethnorock-Band. Die Čompe ist eine riesige gekochte Pellkartoffel, die mit lokalem sauren Quark und Gewürzen verfeinert wird und vor allem im Sočatal um Tolmin als lokale Gottheit angebetet wird. In Bovec wird dazu extra noch eine Čompe-Nacht veranstaltet.

Buchweizen

Das slowenische Wort für Buchweizen, *ajda*, ist ein Lehnwort aus dem Deutschen, Heide. Es waren Heiden, die den Buchweizen aus dem Fernen Osten mitbrachten, oder wenigstens diejenigen, von denen man ihn bekam. *Ajdi*, die Heiden, nennt man auch die Riesen, die nach volkstümlichen Überlieferungen vor den Slawen dieses Territorium besiedelt haben. Viele Orte in Slowenien tragen diesen Namen, der bekannteste ist Ajdovščina im Vipavatal, wo aber wenig Buchweizen angepflanzt wird. Buchweizen gedeiht am besten im östlichen Prekmurje und in Bela Krajina im Süden. Entweder als Brot oder als *kaša* (Brei) war er Grundnahrungsmittel und Identifikationsmoment, der Buchweizen schlüpfte schnell in slowenische Volkslieder und Geschichten über die Erschaffung der Welt, wo die Sintflut nur von der Rebe und dem Buchweizen überstanden wurde. Wenn man als Slowene an Buchweizen denkt, wird einem sofort warm ums Herz. Schon das erste slowenische Kochbuch aus dem Jahr 1799 beschrieb eine Buchweizentorte, bei der, neben Mandeln, Zucker und Eiern, geriebenes Buchweizenbrot die Hauptzutat ist. Heutzutage kriegt man eine Buchweizentorte nur sehr selten zu kosten, dafür aber jede Menge anderer Buchweizengerichte, vom Buchweizen (mit Steinpilzen) als Beilage bis zu Buchweizenpfannkuchen (zubereitet ohne Eier und Milch).

Löwenzahn

Wenn man sofort nach der Schneeschmelze jede Menge Leute sieht, die wie hypnotisiert auf noch im Winterschlaf liegenden Wiesen herumirren, denkt man als Slowene nicht, es handele sich hier um Verrückte oder um Mitmenschen, die vielleicht etwas verloren haben. Es sind Löwenzahnsammler. Wie das Pilzesuchen ist das ein Sport und ein Ritual zugleich. Junger Löwenzahnsalat mit Ei und Speck ist der definitive Beweis, dass der Winter überstanden ist und neues Leben ins Land zurückkehrt.

Krvavice/Blutwurst

Sie werden viel eher über die medial exponiertere nahe Verwandte der Blutwurst, die Krainerwurst, stolpern. Slowenien hat einen Zirkus aus ihr gemacht, sie mit der amerikanischen Astronautin mit slowenischen Wurzeln Sunita Williams ins All geschickt, sie bei diplomatischen Empfängen als das Nonplusultra der lokalen Küche serviert, sie unter EU-Schutz gestellt und ihre Produktion nur dreizehn zertifizierten Produzenten überlassen. Am Ende aber schmeckt die Krainerwurst eben wie – eine Krainerwurst. Eine echte Blutwurst ist aber etwas ganz und gar anderes, sie kommt in vielen Varianten vor. Mal mit Sauerkraut und *Matevž*, einer Beilage aus Zwiebeln, Bohnen und Kartoffeln, mal als erlesene Bratwurst, man kennt sie klassisch mit Buchweizen (und nicht mit Reis) gefüllt und auch als *Mulce* aus der Goriška-Region, in der man der Wurst Maismehl, Honig und Walnüsse beimischt.

Žlikrofi

Die Stadt Idrija hat der Welt nicht nur jahrhundertelang Quecksilber geliefert, man hat auch eine besondere Ravioliart entwickelt: kleine Teigtaschen, gefüllt mit Käse oder Kartoffeln und mit Ragout serviert.

Honig

Für manchen Besucher wohl übertrieben, für die Slowenen aber zutreffend: die Vorstellung vom Land als einem Honigland und von sich selbst als bienenfleißigem Volk. Nun ja. Schon zu Zeiten Jugoslawiens gab es das Stereotyp, dass die Slowenen nur wenig Humor aufweisen, auf viel verhaltenere Art feiern als ihre südlicheren slawischen Brüder und Schwestern, dafür aber tüchtig und arbeitsbesessen sind. Wie eben die Biene Maja und ihresgleichen. Es fängt bereits in der frühen Kindheit an. »Bodi priden«, »sei fleißig«, ist das oberste slowenische Gebot, das ultimative Differenzierungsmerkmal, mit dem man Kinder in zwei Gruppen einteilt – die einen kommen in die Hölle, die restlichen arbeiten fleißig. Man unterrichtet auch schon in der Grundschule, was ein »slowenisches« Frühstück ist: ein Apfel, ein Glas Milch und vor allem ein Butterbrot mit reichlich Honig draufgekleckert. Das Leben ist eben bitter, und es bedarf der permanenten Versüßung.

Überall trifft man auf Honig und auf Bienenzüchter. Es gibt über 11 000 Imker im Land, die sich um fast eine Viertelmillion Bienenstöcke kümmern, Tendenz steigend. Einmal kam ich in Ljubljana mit einem Taxifahrer ins Gespräch, er hatte es eilig, wollte seine Schicht beenden und rausfahren auf den Berg Krim, um nach seinen Bienen zu sehen. Beim Abschied verkaufte er mir zwei Gläser Honig, den er für solche Fälle immer im Kofferraum dabeihatte. Mein Nachbar im Zentrum Ljubljanas hält Bienen. Man kommt zu ihm, betritt eine Wohnung ohne merkliche Besonderheiten, dann aber öffnet er den Wäscheschrank, der von unten bis oben vollgestopft ist mit Honiggläsern. Auf dem Markt ist es nichts Ungewöhnliches, wenn der Frittatenverkäufer, die Obstverkäuferin oder sogar der Metzger neben ihren Hauptprodukten noch ein paar Gläser Honig zum Verkauf dabeistehen haben – für den Fall der Fälle.

Die Honigangelegenheit reicht bis ins Staatsprotokoll. Beim Besuch von Königin Elisabeth II. und Prinz Philip im Jahr 2008 schenkte man ihnen zum Abschied ein schön bemaltes Holzbienenhaus samt ein paar Bienenfamilien der hier autochthonen und sehr beliebten Krainer Biene *(Apis mellifera carnica)*. Und das trotz des damaligen Einfuhrverbots für Honig und Honigprodukte nach Großbritannien. Wer weiß, ob das Bienenhaus nicht noch immer irgendwo in Slowenien steht.

Die fleißige Krainer Biene, die sich in Europa großer Beliebtheit erfreut, ist unter anderem die Biene, die vom Hofimker Maria Theresias, Anton Janša, angepriesen wurde. Janša wurde zum ersten Direktor der 1770 gegründeten Theresianischen Imkerschule im Augarten in Wien ernannt und entwickelte unter anderem eine damals innovative Form des Bienenstockes, auch bekannt als Krainer Bienenstock. Janša ist auch der zentrale Bezugspunkt der slowenischen Imkerkultur. Er und die Braunbären, die in den slowenischen Märchen immer wieder als Honigdiebe dargestellt werden und damit eigentlich die Kehrseite der heutigen Honigmassenproduktion offenlegen. Janšas Geburtstag, der 20. Mai, ist es auch, der auf Initiative slowenischer Bienenzüchter zum Weltbienentag erhoben wurde. Der Honig ist ein Geschenk des Himmels und des Fleißes der kleinen Arbeiterinnen, die uns das Leben versüßen. Verschönern müssen wir es selbst.

Janša stammte aus einer Künstlerfamilie, seine Brüder waren, so wie er, gelernte Zeichner und Maler. Für den arbeitenden Slowenen besteht zwischen Honig und Kunst eine eigentümliche Verbindung, die kleinen Holztäfelchen mit den Nachbildungen von volkstümlichen Bienenstockbemalungen sind etwas, das man gerne Freunden oder Geschäftspartnern im Ausland schenkt. Schon um die alten jugoslawischen Vorurteile hinsichtlich des slowenischen Mangels an Humor zu sprengen: Die Bemalungen sind oft ironisch und voll schwarzen Humors. Eine Tierprozession, von einem Bären angeführt, die den toten Jäger zu Grabe trägt; eine Mühle, in die der Mann seine gealterte Frau wirft, und auf der anderen Seite springt eine verjüngte Frau heraus; ein Pakt mit dem Teufel.

Trinken und sich betrinken

Ich kann mich noch an die Neunzigerjahre erinnern, wie ich als Literaturstudent nach Ljubljana kam und bald in Literatenkreise geriet. Man trank nicht, man aß Alkohol schon zum Frühstück. Es waren Phasen, wo man nach einem Bier geradewegs zum Weinbrand überging – serviert in der Bar am Tresen in Kaffeeschalen; so war man vor Blicken geschützt und umging das Alkoholausschankverbot am Morgen. Ein älterer Dichter schaute mich an, als ich ihm erst um neun Uhr abends das erste Weinglas reichte, und winkte ab. Eine Fehlinvestition, kritisierte er mich, es gehöre sich nicht, erst so spät mit dem Betrinken anzufangen. Dann arbeite man schwer mit dem Alkohol und gehe gleich schlafen, habe also nichts davon. Man solle schon früh am Morgen anfangen und den Rausch in die Länge ziehen, wurde ich eines Besseren belehrt. Dabei sprachen die alten Regisseure, die RomanautorInnen, die Dramaturgen, die Sänger, die Schauspielerinnen und die Produzenten andauernd darüber, wie wenig Alkohol man eigentlich, verglichen mit alten Zeiten, trinke. Doch in meinen Augen waren Anfang der Neunziger der Alkohol und die Zigaretten überall.

Mit der Selbstständigkeit Sloweniens 1991 waren andere Zeiten angebrochen, die sogenannte Transitionszeit führte von einem Einparteiensystem in den Kapitalismus. Langsam, aber sicher verschwanden die Säufer, zuerst von den Straßen der Städte, keine zehn Jahre waren vergangen, und man sah immer seltener Besoffene in Anzug und Krawatte, wie sie tagsüber am Straßenrand ungewollt Purzelbäume machten; dafür aber sprossen in der Hauptstadt immer mehr Obdachlose, die es zu jugoslawischen Zeiten nie gegeben hatte, wie Pilze aus dem harten Pflaster. Sie nahmen die öffentliche Säuferrolle auf sich. Die anderen tranken immer weniger – oder besser gesagt, immer unsichtbarer. Mit der Zeit verschwanden sogar die Dorfalkoholiker, von denen jedes kleinste Kaff traditionellerweise ein paar gehabt hatte. Und der Tabak verschwand aus allen öffentlichen Räumen. Zuerst fing es unter jüngeren Künstlern und Managern an, dass es verpönt war, sich vor Mittag ein Bier zu bestellen. Alle wurden vegan, joggten drei Mal am Tag und tranken nur japanischen Tee. Bald darauf wurde die gesunde Lebensdoktrin von den Massen entdeckt. Heutzutage scheinen sich sogar Politiker ausnahmslos von Wasser, Obst, langen Reden – und Kokain zu ernähren. Spuren der Droge wurden vor Jahren auch in den Parlamentstoiletten entdeckt.

Der Kokainkonsum und der Verbrauch von synthetischen Drogen steigen in Slowenien radikal. Aber zugleich sinkt der Alkoholkonsum nicht. Slowenien bleibt an der Weltspitze, mit rund dreizehn Litern puren Alkoholkonsums jährlich pro Einwohner ab fünfzehn Jahren. Das ist schon eine beachtliche Nierenleistung. Statistiken zufolge ist jeder zehnte Einwohner Sloweniens alkoholabhängig. Täglich sterben zwei Slowenen an den direkten Folgen des Alkoholkonsums, und man versucht vieles, um das Lenken eines Autos und das Leeren von Weinflaschen streng voneinander zu trennen. Unter anderem kann man in Slowenien in Geschäften nach 21 Uhr keinen Alkohol kaufen. Aber das bringt nicht viel, denn fast jeder zweite Slowene hat selbst einen Weinberg oder wenigstens eine Tante, die einen Weinberg besitzt, oder einen Schnapsbrennkessel oder gar eine Mikrobierbrauerei. Wohin mit all dem Wein?, schreien von Jahr zu Jahr an die Zehntausende slowenische Winzer, deren Produktion zu klein ist, um damit professionell auf den Markt zu gehen, aber doch ein paar Tausend Liter jährlich abwirft. Die Antwort lautet: Wir trinken ihn selbst.

Wein

Als der Architekt Plečnik für den tschechoslowakischen Staatsgründer Masaryk den Burgkomplex des Hradschin in Prag umbaute, hat er unter anderem auf den südlichen Terrassen einen Schlossweingarten anlegen lassen. Dem Agronomen und Journalisten Jože Kocutar liegt diese Weingeschichte besonders am Herzen. Regelmäßig steht er im Austausch mit dem Hofwinzer der Prager Burg und bringt bei besonderen Gelegenheiten eine Flasche der Weinsorte Hibernal vom Hradschin mit.

Eigentlich würde man es ja anders erwarten. Stane ist als Stadtwinzer von Maribor der Schutzengel eines der wichtigsten Schätze der Stadt an der Drau – der ältesten Rebe der Welt. Um die Modra-Kavčina- beziehungsweise Žametovka-Weinsorte, die schon stattliche 400 Jahre am

Ufer der Drau gedeiht, hat sich mit dem Aufblühen der slowenischen Winzerkunst ein Mythos gebildet, der immer stärker auch internationale Attraktivität entwickelt. Vor einem guten halben Jahrhundert war die Lent-Promenade in Maribor, an der die Rebe gedeiht, noch ein heruntergekommenes Eck der ehemaligen Industriestadt, man maß der alten Rebe keine große Bedeutung zu. Der saure Rotwein, den man daraus kelterte, war nichts Besonderes, und die Armenkinder aus den umliegenden einstürzenden Altstadtwohnungen kletterten manchmal in dem großen Weinstock herum oder spielten in seinem Schatten. Heutzutage ist die Rebe zu einem lebendigen Museumsexponat auf der Altstadtpartymeile von Maribor geworden, sie ist umzäunt und wird gepflegt, ein Weinmuseum schließt daran an, und ihre Sprösslinge werden als diplomatisches Staatsgeschenk höchsten Ranges in alle Welt verteilt. Auf den vom lieben Gott geliebten sanften Hügeln rund um Maribor, um Ptuj, Ormož, Ljutomer, Slovenske Konjice und die anderen kleineren Städte in der slowenischen Südsteiermark gibt es weitaus raffiniertere Weine, aber keinen, dessen dunkle Frucht von einer älteren Rebsorte stammt.

Die Südsteiermark ist zusammen mit Prekmurje eine von drei Weinregionen des Landes. Der Wein achtet nicht auf den Menschenschlag, eher auf die Zusammensetzung der Erde und das Wasser, deshalb auch die Benennung der Weinregion nach dem Fluss Drau. Die anderen zwei sind die Dolenjska-Region beziehungsweise die Weinregion um den Fluss Sava im Süden und die Primorska an der Küste und der Karst. Mit Hunderten von Mikrozonen bilden sie das Pluriversum des Weins in Slowenien.

Es ist der Wein, in dem wir hoch konzentriert die Einzigartigkeit von Land, Geschichte und Menschen in uns aufnehmen. Nicht der Alkohol im Wein, der hilft uns nur, unsere Widerstände aufzugeben, sondern die einzigartige Aufnahme von Erfahrung, die uns das Weintrinken ermöglicht. Pflanzt man dieselbe Rebe Šipon rund um Janški Vrh in der brutal schönen und oft noch immer genauso brutal verlassenen und vergessenen Haloze-Gegend an, dreißig Kilometer weiter östlich im (slowenischen) Jeruzalem bei Ormož oder in Svečina an den besten Hängen nördlich von Maribor, ganz nahe an der in Österreich liegenden südsteirischen Weinstraße, es wird ein anderer Wein dabei herauskommen. Die Erde macht den ersten Unterschied. Der zweite liegt in der Hand des Winzers, der dritte entsteht aus der einmaligen Konstellation von Sonne, Regen, Hagel, Frost, Wetter – und der Zeit.

Der Überlieferung nach waren es Soldaten Napoleons, die beim Verkosten von Šipon zu den Winzern »c'est si bon« sagten, und die des Französischen nicht kundigen Winzer deuteten es nicht als Lob, sondern als Namen für die autochthone Sorte.

Es sind überwiegend die Weißweine aus der Weinregion an der Drau, die die höchsten Auszeichnungen weltweit abräumen, unter ihnen gibt es auch ganz außergewöhnliche Besonderheiten. Man kommt da nicht umhin, den eigenwilligen, schon verstorbenen Winzer Stanko Čurin zu nennen, der bereits zu kommunistischen Zeiten als Privatunternehmer einen Eiswein von Weltrang produzierte. Für den Eiswein müssen die auf den Reben übrig gebliebenen Früchte wenigstens drei Tage und Nächte bei einer Temperatur von minus sieben Grad vollkommen einfrieren, in noch gefrorenem Zustand geerntet und auch gepresst werden – alles mit selbst gerade erfrierenden Fingern. Unter schwersten Bedingungen, mit größtem Eigensinn, unter Risiken und im Kampf mit sich selbst produziert, wird daraus ein Spitzenwein von atemberaubender Süße.

Als Beispiel für den gleichen kreativen Eigensinn, die Bereitschaft zu Entbehrung und Risikofreude aus der Küstenregion, kann der legendäre Stanko Radikon gelten, der Anfang der Neunzigerjahre die bis dahin übliche Praxis, mit Chemie im Weingarten und Weinkeller herumzupfuschen, beendete und als Pionier biodynamischer Weinkunst alles aufs Spiel setzte, oft den gesamten Jahrgang in die Gosse ablaufen ließ, bis er mit seinen Weinen auf internationaler Bühne Auszeichnung um Auszeichnung gewann und unzählige Nachahmer fand.

Es gibt aber auch heute reichlich junge und eigenwillige Weinkünstler, alle mit Preisen bedacht und verwöhnt. Zum Beispiel Bojan Kobal aus Haloze, der jetzt seine eigene Marke, Kobal, produziert, ein Winzer, der zuvor der Marke Pullus zum wunderbarsten Aufstieg als Massenprodukt verhalf. Oder Katja Šuklje und ihr aus Frankreich stammender Gatte Guillaume Antalick, denen es im Weinkeller Šuklje in Metlika gelingt, aus Modra Frankinja/Blaufränkisch einen großen Wein zu machen. Oder der junge Miha Kelhar, der auf eine 240-jährige Familientradition zurückblicken kann und auf dem Gut Keltis in Bizeljsko fabelhafte biodynamische Weine hervorzaubert. Oder Sebastijan Štemberger aus Šepulje bei Sežana, der unter anderem ausgezeichneten Teran und die seltene Sorte Vitovska herstellt und auf dem Weg zu rein biodynamischer Produktion ist. Oder Marko Kristančič aus Medana in der Region Goriška Brda, der mit seiner Marke Pavó eigentlich schon zu den Klassikern zählt. Leon Gjerkeš, der auf dem Gjerkeš-Weingut in Rogašovci in Prekmurje einen himmlischen Welschriesling anbaut. Tilen Praprotnik vom Weingut Steras bei Izola, der alte, halb in Vergessenheit geratene istrische Sorten wieder zu neuem Leben erweckt. Oder Matjaž Frešer, Mojca Tiršek und Valter Kobal, die bei

Štanjel auf dem Weingut Fedora eigenartige Weinkreationen zu verantworten haben. Oder – ja, Sie sehen, diese Aufzählung hat kein Ende, nur die Trinkfestigkeit hat eins, und damit soll es auch gut sein.

Der Weinphilosoph Jože Rozman hat seine Weinberge in der Dolenjska- beziehungsweise der Save-Weinregion und spricht gerne über die Bezeichnung des Weins durch deren Bewohner. Man nennt Wein hier nicht *vino* wie anderswo in Slowenien, sondern *pijača*, was schlicht für »Getränk« steht. Die Bezeichnung für Wein bei den Bewohnern der Dolenjska-Region ist also breiter gefasst als die fürs Wasser. Wein – und hier ist vor allem der saure Cviček gemeint – ist einfach alles Trinkbare. Deshalb gibt es unter vielen herausragenden Winzern auch eine unübersichtliche Schar an Kleinproduzenten, die ihre steilen Weinberge bebauen, angesiedelt rund um eine *zidanica*, wie die kleinen Gehöfte mit großen Kellern genannt werden. Zunehmend gibt es aber auch größere und raffiniertere Weinhexenmeister, die sich in ihren von Reben umgebenen Villenkellern (mit Infinity Pools darüber) mit der Produktion des hedonistischsten Schaums des Lebens beschäftigen: mit Sekt.

Sekt wird in allen drei Weinregionen Sloweniens hergestellt. Der Klassiker *srebrna penina*, Silberschaum, kommt aus dem Osten, aus den Weinkellern von Jeruzalem-Ormož. Am anderen Ende des Landes arbeitet die Crème de la Crème der Winzer aus der Küstenregion Brda am Sekt, Winzern wie Movia, Simčič, Dolfo und vielen anderen gelang in den letzten zwanzig Jahren ein Riesencoup mit eigenwilligen, wunderbaren Schaumweinkreationen. Trotz allem verbinden viele den Perlwein, vom wüstentrockenen prickelnden Beschwipstwerden nach Champagnermethode bis zu den ausgefallensten Sektvariationen, von denen manche bis ganz an den Rand des gerade noch

Genießbaren reichen (zum Beispiel: Erdbeerparfüm mit Sektunterlage), vor allem mit der südlichen Weinregion Dolenjska, die sich entlang des Flusses Sava befindet. Winzer wie Istenič, Slapšak und viele kleinere arbeiten dort seit ein oder zwei Jahrzehnten an der Zukunft dieser Weinregion als der Champagne Sloweniens.

Allen voran kommen die Weinkünstler aber aus der Küstenregion. Der unverwechselbare sauer-herbe Rotwein Teran aus dem Karst, die beflügelnde Weißweinsorte Zelen aus dem Vipavatal, die aromatische Weinsorte Pinela, die volle Traubensorte Rebula oder der süßliche Pikolit sind einige der lokalen Besonderheiten, einige autochthon gewachsen, andere wie der Teran sogar registriert und geschützt.

Vor einem Vierteljahrhundert, Mitte der Neunzigerjahre, kam ich in die Goriška-Brda-Region nördlich von Gorica, wo wir mit Freunden das Festival »Tage der Poesie und des Weines« im Ort Medana veranstalteten. Jahrelang fuhr ich zu den Winzern aus der Region, wie Klinec, Dolfo, Simčič, und erlebte ihr Aufblühen. Sie wurden als hervorragende Weinproduzenten zu leuchtenden Vorbildern auf beiden Seiten der slowenisch-italienischen Grenze, die vor dem EU-Beitritt Sloweniens eine recht streng geschützte Zone war, mit Beobachtungstürmen mitten zwischen den Weinbergen. Es geschah tatsächlich oft, dass sich Dichter, die als Festivalgäste bei den Winzern übernachteten, mitten in der Nacht auf den Schleichwegen verliefen und man den einen oder anderen bei den Carabinieri auf der anderen Grenzseite abholen musste. Am nächsten Tag war der Schrecken aber schnell vergessen nach einer Degustation im Weinkeller bei Aleš Kristančič-Movia (der einmal sogar zum Finale einen Jahrgangswein aus meinem Geburtsjahr öffnete) oder bei Stojan Ščurek und seinen

Söhnen (mit denen wir danach grandios Fußball spielten). Heute ist die Goriška-Brda-Region eine herausgeputzte Wein- und Gourmet-Topdestination mit Helioporten, in die ab und zu auch der Giro d'Italia einen Abstecher macht. Gemeinsam mit der italienischen Seite rund um Cormons/Krmin und Cividale/Čedad bildet die Gegend einen europaweit bekannten hedonistischen Hotspot.

Eigentlich merke ich beim Versuch, über den Wein zu schreiben, die schlichte Unmöglichkeit einer hier erforderlichen Kürze. Natürlich kann man Historisches verknappt wiedergeben, Geschichten schnell pointiert erzählen – was aber bei der abgekürzten Rede über den Wein auf der Strecke bleibt, ist, so wie bei zu schnellem Runterkippen, schlicht und einfach der Wein selbst.

Ich glaube, die Slowenen haben sich mit ihrem Boutiquendasein im internationalen Weinmarkt abgefunden. Alle wissen, dass man die gesamte Weinproduktion Sloweniens in ein Riesenfass zusammenschütten müsste, um der Nachfrage von großen Supermarktketten nach durchschnittlichen Weinen entgegenzukommen. Den Winzern bleibt also nichts anderes übrig als Eigensinn und Experimentierfreude. Viele schaffen es international auf die Weinkarten von erlesenen Restaurants. Ich kann mich erinnern, wie wir slowenischen Wein bei festlichen Gelegenheiten in Restaurants in Harvard und Tokio bestellten. Es war ein merkwürdiges Gefühl. Wir beide, die Weinflasche und mein Körper, waren Behälter, die eine flüssige Erfahrung ans andere Ende der Welt transportierten.

Wir stießen ohne viele Worte an, und jemand auf der anderen Seite des Tisches fing, halb ironisch, an, ein Liedchen zu brummen, die Zdravljica, ein romantisch-pazifistisches Trinklied, das zur slowenischen Nationalhymne geworden ist.

Bier

Die Entwicklung des slowenischen Biers erinnert an ähnliche Geschichten in ganz Europa. Neben den zwei großen Traditionsbrauereien des Landes, Union und Laško, die beide seit 2015 zur Großbrauerei Heineken gehören, entstanden in den letzten Jahrzehnten Dutzende von Klein- und Mikrobrauereien. War es bis vor Kurzem noch ein patriotischer Wettkampf, in dem man sich als Steirer mit dem Laško-Bier identifizierte und als Hauptstadt-Sympathisant durch das Trinken von Union definierte, hat sich die Bierrhetorik in Slowenien inzwischen gewandelt. Man will mehr über den Komunajzer-Craft-Beer-Trinker erfahren, die neuen Sorten von Bevog-Bieren kosten – ein Mikrobrauer, der seine Biere gleich hinter der slowenisch-österreichischen Grenze bei Gornja Radgona/Bad Radkersburg produziert –, man will das Dunkle von Pelicon verkosten oder herausfinden, in welchem Kaff Human Fish oder andere Hopfenalchimisten umtriebig sind. Überhaupt scheinen gerade beim Bier tektonische Veränderungen bei den Slowenen stattzufinden. Während man früher erztraditionalistisch war, hat im letzten Jahrzehnt die Experimentierfreude gesiegt.

Hopfen wird in der Savinjska dolina bei Celje angebaut. Wenn man zwischen Maribor und Ljubljana auf der Autobahn unterwegs ist, sieht man die Stauden des Cannabisverwandten an den Drähten hinaufklettern, behangen mit grüngoldenen Dolden. Laut Statistiken ist Slowenien der fünftgrößte Hopfenproduzent weltweit, jedes zwölfte Bierchen auf unserem Planeten soll mit in Slowenien gewachsenem Hopfen hergestellt worden sein. In der Stadt Laško hat man dem Gebräu ein gigantisches Musikfest und kollektives

Betrinken gewidmet: die »Tage des Bieres und der Blüten«, »Pivo in cvetje«, die vor allem wegen der guten Eisenbahnanbindung Laškos auch manch einen nach E-Gitarrenklängen lechzenden, hektoliterweise Bier schluckenden Genießer aus der Provinz oder der Hauptstadt anlocken.

In der Kleinstadt Žalec, mitten im Hopfenanbaugebiet, hat man sich etwas Besonderes einfallen lassen. Eine Bierfontäne, Grünes Gold genannt, die mit besonderen Mikrochips versehene Biergläser von allein auffüllt – und viele hoffen, dass die Technologie irgendwann auch mal versagt und das Wiederauffüllen dann unentgeltlich und endlos weitergeht.

Schnaps und andere Spirituosen

Als Kind saß ich beim Großvater, der in der Januarkälte in der Garage Pflaumenschnaps brannte. Es hatte etwas Magisches, dem heißen Alkoholstrahl zuzuschauen, wie er aus dem Destilleriekessel herausfloss, und der starke Pflaumengeruch verfolgte mich noch lange danach, samt dem Anblick des beschwipsten Großvaters – einfach unvergesslich. Viele Slowenen teilen diese Art von Erinnerungen. Die private Schnapsbrennerei ist auf dem Land nach wie vor Alltag.

Sei es der beliebte Williamsschnaps, wo man die Flaschen nach der Birnenblüte an die Bäume hängt, sodass die Birnen in die Flasche wachsen und später mit dem Schnaps – wie Insekten in Bernstein gegossen – auf trinkbare Ewigkeiten konserviert werden. Oder der Obstler aus der Tepke-Birne. *Tepka* heißt so viel wie »die Blöde«, und wenn man zu viel von dem edlen Destillat verkostet, das aus dieser alten Spätbirnensorte gewonnen wird, verblödet man manchmal auch selbst. Eine andere Erklärung für den ungewöhnlichen Namen geht auf das *tepežkanje* zurück, das den Hintern Verdreschen, wovon angeblich die Bauern reichlich abbekamen, wenn sie zu Zeiten Maria Theresias gegen die Verordnungen keine *tepke* anpflanzten.

Unweit der slowenischen Grenze in Italien produziert die Familie Nonino ihre weltweit berühmten Grappas. Das Wissen, wie man hochrangigen Grappa herstellt, hört aber an der Grenze nicht auf. Neben Grappaspezialisten produzieren immer öfter auch Weinproduzenten ihre Grappas, jeder nach seiner Geheimrezeptur und oft mit Heilkräutern versetzt, die ihm eine besondere Geschmacksnuance verleihen.

Die wohl ausgefallenste Spirituose, die zum Glück nicht mehr produziert wird, aber nach wie vor die Fantasie anregt, ist der Močeradovec, der Feuersalamanderschnaps. Angeblich hat man bei der Destillation den heißen Schnaps über einen lebenden Salamander fließen lassen, sodass das arme Tier Tetrodotoxin ausschied, dem halluzinogene Wirkung zugesprochen wird. Eine Tierquälerei mit besonderem Traumeffekt.

Michail Baryschnikow warb in den USA dafür, und Bill Murray machte bei Dave Letterman Werbung für Slovenia Vodka, aber der Wodka, der im konkreten Fall teils aus Buchweizen produziert wird, war nie wirklich ein populäres Getränk in Slowenien. Ich erinnere mich noch, als ein polnischer Intellektueller mir vor Jahren eine durchaus plausible geostrategische Aufteilung Europas vorlegte. Es gebe kein West- und Osteuropa, es gebe nur ein Europa des Weines und eins, wo der Wodka regiere. Und es ist ganz klar, wo sich Slowenien in dieser Hinsicht befindet, im tiefen Weineuropa.

Die womöglich typischste Spirituose Sloweniens findet man selten, sie ist heilend und so herb, dass man unmöglich viel davon zu sich nehmen kann. Wir hatten einmal eine Flasche zu Hause, die hielt sich fast fünf Jahre, ich trank kleine Mengen davon bei den ersten Anzeichen von Erkältung, und es half oft auf wunderbare Weise. Es ist der Wacholderschnaps, der vor allem auf dem Karst aus den Wacholderbeeren gewonnen wird. In alten Zeiten nannte man ihn auch Frauenschnaps, da Frauen die Obhut über die Hausapotheke hatten. Es ist nicht ganz leicht, reinen Wacholderschnaps zu bekommen, er ist selten, edel, und seine Produktion ist mühsam und unrentabel, so wie das Leben selbst.

Cocta

Am Ende dieser Alkoholtriade soll wenigstens ein alkoholfreies Getränk erwähnt werden. Zu Zeiten des Kommunismus ist es als die jugoslawische Cola bekannt geworden, und noch immer ist es relativ beliebt – auch weil das Getränk weniger Zucker, kein Koffein und ein paar Kräuterextrakte enthält. Es ist auf dem Gebiet Ex-Jugoslawiens ein mit Nostalgie verbundenes Getränk, dem man auch im Slogan nichts schuldig bleibt: »Das Getränk unserer und eurer Jugend«.

Kunst und Fluchen

Zu jugoslawischen Zeiten galt die slowenische Sprache als untauglich für ernsthaftes Fluchen. Man griff – und greift noch immer – zu Lehnwörtern aus dem Serbokroatischen oder dem Englischen, um jemanden ernsthaft zu verdonnern. Während es im Serbischen/Kroatischen/Bosnischen/Montenegrinischen fast unbemerkt bleibt und als ein Teil der rhetorischen Folklore empfunden wird, wenn man jemanden in die Genitalien der Mutter versetzt, so schmunzelt man genüsslich über die milden Arten slowenischer Flüche: »tristo kosmatih«/»dreihundert Pelzartige« oder »naj te strela udari«/»der Blitz soll dich erschlagen« oder »bog te nima rad«/»Gott hat dich nicht lieb« oder »da bi te kokljа brcnila«/»die Henne soll dir einen Tritt verpassen«.

Öffentlich wird eigentlich wenig bis überhaupt nicht geflucht. Privat allerdings durchaus, und das reichlich. Wenn jemand Sie in Slowenien mit einem Fluch belegt, dann wissen Sie mit großer Wahrscheinlichkeit, dass Sie nun als ebenbürtig angenommen wurden und ab jetzt in einem intimen Verhältnis zu der betreffenden Person stehen – auch wenn es nur ein genervter Taxifahrer, ein gestresster Handwerker oder schlicht jemand ist, der sein Sprachpotenzial erkunden möchte.

Der Ort, wo offiziell geflucht werden kann (wovon man auch des Öfteren reichlich Gebrauch macht), ist die Kunstszene. Im Film, in Romanen oder auf Theaterbrettern werden Emanzipation, Revolte oder der Eindruck von Echtheit gern mit ein paar Flüchen bekräftigt.

Die Kunst, ach, die Kunst! Slowenien will ja genauso im internationalen Rampenlicht stehen wie viele größere Nationen. Man möchte hier ähnlich wie Italien oder Frankreich oder Deutschland die Welt erobern. Dafür gründet man Institutionen. Aber dann fehlt immer das Geld fürs Programm. Es ist ein Jammertal. Ein slowenischer Künstler, der nicht protestiert und sich nicht beklagt, ist kein Künstler. Die dramatisierte Zurschaustellung des Leidens ist ein Schlüsselprüfstein des Metiers. Andererseits ist die Dichte der Kunstschaffenden oder derjenigen, die mit Kultur zu tun haben, viel höher als anderswo, und man kann Berührungspunkte mit Filmemachern, Schriftstellern oder Bühnendesignern fast nicht vermeiden. Kulturschaffende sind überall. Und auch produktionsmäßig ist vieles von Weltrang – bloß wissen das eben oft nur die Slowenen. Es fehlt an dem Selbstbewusstsein, dass man heutzutage nicht mehr für die nationale Selbstbehauptung und die lokale Identität kreiert und produziert, sondern für die Welt. Das kommt auffällig oft auch bei Kunstformen vor, die nicht sprachabhängig und also reisefähig sind.

Es ist wirklich verwunderlich, dass die reiche Szene der bildenden Künste, deren Dichte über hundert staatliche und Privatgalerien umfasst, relativ wenig internationale

Ausstrahlung hat. Oder liegt es am Geschäft? Auf jeden Fall ist ein Streifzug durch slowenische Galerien und Museen sehr empfehlenswert. Man sehe sich in der Nationalgalerie in Ljubljana die slowenischen Impressionisten an oder den wohl international renommiertesten slowenischen Maler der zweiten Hälfte des 20. Jahrhunderts, Zoran Mušič, der noch zu Lebzeiten im Grand Palais in Paris ausstellte und wegen seiner wunderschönen dalmatinischen Landschaftsbilder und seiner Selbstporträts geschätzt wird, vor allem aber wegen seiner KZ-Bilderserie *Wir sind nicht die Letzten* von vielen als wichtiger Mahner der Menschheit erachtet wird. Oder man folgt den Avantgardisten und den Neoavantgarden in die Moderna Galleria, sieht sich die Gruppe OHO an, konzentriert sich auf Gabrijel Stupica, die Gruppe IRWIN oder die Videokünstlerin Jasmina Cibic. Oder man schaut in eine der vielen progressiveren Galerien, um die zeitgenössische Szene zu sichten, sei es die Galerie MSUM, die Equrna, Fotografija, Dessa oder eine der zahlreichen Galerien in der autonomen Zone Metelkova, dem Hauptanziehungspunkt der jungen Szene in Ljubljana. Oder man stattet der Obalne galerije in Koper, der Koroška galerija likovnih umetnosti in Slovenj Gradec oder der UGM in Maribor einen Besuch ab – es gibt immer wieder eine Entdeckung zu machen.

Genug gesehen? Wie steht es mit Tanzen? Für lateinamerikanische Salseros ist das Land zu tanzlahm. Für einen Schweizer Freund aber war das Tanzengehen hierzulande eine vulkanische Überraschung. Nach seinem ersten slowenischen Clubbesuch war er ganz verblüfft. Bei ihnen tanzten im Vergleich dazu alle, als spielten sie Mikado; der Erste, der sich rühre, habe verloren, kommentierte er die lokale Tanzfreude in Ljubljana. Eigentlich wird zunehmend draußen getanzt, und das nicht nur als Folge von Covid-19. Salsa oder Tango in den Städten im Sommer, an Flussufern oder im Stadtpark. Die großen und kleineren Tanzschulen und Vereine bringen Tausende zum Hula und Trap, auf Dorffesten wird Polka getanzt, Hunderte von kleinen, aber auch große, international auftretende Folklorevereine wie France Marolt sind gang und gäbe, und das nicht nur auf dem Land, wo reichlich gehüpft und geschwenkt wird. Die zwei professionellen Ballett- und Opernhäuser in Ljubljana und Maribor haben hohe Qualitätsstandards und bilden reichlich neue schwarze und weiße Schwäne aus. Der international bekannteste slowenische Ballettkünstler ist rumänischer Herkunft, Edward Clug, er ist in die Fußstapfen von Pino und Pia Mlakar getreten, den Pionieren des slowenischen Balletts, hat die Staatsoper und das Ballett von Maribor zu seinem Domizil gemacht, um von da aus die Welt zu erobern.

Seit den 1990ern ist auch der zeitgenössische Tanz ein wichtiger Bestandteil der hiesigen Kultur. Wichtige Choreografen wie Matjaž Farič, der in Murska Sobota seit Jahren das internationale Tanzfestival Fronta veranstaltet, Iztok Kovač, der in seinem Tanztheater Španski borci wirkt, und viele andere kamen nach ihrem Studium zurück und bilden eine Tanzlandschaft, die um mehrere Institutionen und Festivals herum gedeiht, das Ljubljaner Tanztheater PTL zum Beispiel, das Festival Platforma in Maribor oder das Festival Gibanica und viele mehr.

Noch tiefer als der Tanz ist aber das Theater im slowenischen Genom verankert. Da die größte Komödie täglich im dritten Programm des Nationalfernsehens gezeigt wird, nämlich als Direktübertragung der Sitzungen des slowenischen Parlaments, und es immer wieder Schauspieler in politische Ämter verschlägt, hat man an Schulung und Vorbildern keinen Mangel. Zugleich aber hat Slowenien dreizehn professionelle Theaterhäuser mit eigenem Ensemble. Mit dem Theater ist es allerdings ein permanentes Theater. Zu früh verstorben ist der wohl bekannteste slowenische Theatermagier Tomaž Pandur. Mateja Koležnik, die erfolgreich am Berliner Ensemble Regie führt, oder der international prämierte Regisseur Jernej Lorenci sind nur zwei der vielen Theaterkünstler, nach denen man unbedingt Ausschau halten sollte. Mehrere Theaterfestivals, die vor allem im Sommer und Herbst stattfinden, bringen aber auch internationale Produktionen nach Slowenien, vom Mladi levi, das Ende August auf experimentelles und politisch engagiertes Theater setzt, bis zum Borštnikovo srečanje, dem in Maribor stattfindenden jährlichen nationalen Theatertreffen, bei dem auch internationale Häuser gastieren.

Zum slowenischen Film vielleicht nur so viel: Es gibt ihn, er ist aus internationaler Perspektive gesehen, nun ja, der slowenische Film. Lange Zeit galt die Regel, dass slowenische Filme ausgezeichnet Schlaftabletten ersetzen könnten, die Handlung und Dialoge waren häufig hölzern, doch tut man damit vielen Streifen unrecht und übersieht das Eigene, das der slowenische Film oft hat. Viele der Klassiker berühren nach wie vor, zum Beispiel die Filme von France Štiglic, der erste slowenische Spielfilm schlechthin, *Na svoji zemlji* (1948), oder *Vesna* (1953) von František Čap, nach dem auch ein slowenischer Filmpreis benannt ist, oder *Sedmina* (1969) von Matjaž Klopčič, *Auf Wiedersehen im nächsten Krieg* (1980) von Živojin Pavlovič oder *Das Floß der Medusa* (1980) von Karpo Godina. In unserem Jahrtausend hat Jan Cvitkovič verdient den Goldenen Löwen des Filmfestivals in Venedig für seinen poetischen Film *Kruh in mleko* (2001) bekommen, ein anderer ruhiger und eindrucksvoller Film ist Vlado Škafars *Vater* (*Oča*, 2010). Man sollte auch Žiga Virc nicht vergessen. Er hat mit

Huston we have a Problem (2016) einen lustigen, außergewöhnlichen Film über ein frei herbeifantasiertes jugoslawisches Weltraumprogramm gedreht – ein imaginärer Dokumentarfilm, und es scheint mir, dass gerade auf dem Gebiet des Dokumentarfilms vielleicht die innovativsten Filme gedreht wurden; schauen Sie sich mal *Echos der Zeit* (*Odmevi časa*, 2014) der Regisseurin Ema Kugler an.

In der letzten Zeit werden immer wieder auch große internationale Blockbuster an Schauplätzen in Slowenien gedreht, *Die Chroniken von Narnia* zum Beispiel oder die letzte Episode der Jason Bourne-Reihe.

Während Filmproduktionen relativ selten in Slowenien stattfinden und meist mit großem Aufwand und viel Geld verbunden sind, ist die Musik überall und fast umsonst zu haben. In jedem zweiten Haushalt liegt eine Ziehharmonika, eine Gitarre oder, in einigen Teilen des Landes, eine Zither herum, der Rest der Bevölkerung singt in Chören oder Bands.

Der Slowene liebt es zu singen. Man sang bei Bauernaufständen, man sang an der Front und in der Kirche, man sang bei den sozialistischen Arbeitsbrigaden, man singt im Stadium und hüpft dabei auf und ab. Als ob die Musikalität und der Ort den Charakter des Menschen vorformen würden, so hat man manchmal das Gefühl, dass aus der Berührung von Melodie und Ort das Wort entsteht und aus ihm die Innenwelt des Slowenen, die nicht vermessene Höhle, die wir in uns tragen.

In diesem Teil der Welt spielte schon der Neandertaler auf, so schreiben es wenigstens die Archäologen, die vor zwei Jahrzehnten in der Nähe von Cerkno das bisher wohl älteste Musikinstrument der Welt fanden, eine Bärenknochenflöte. Der steinzeitliche Musikus soll darauf vor rund 43 000 Jahren gespielt haben, wahrscheinlich besser, als ich selbst je flöten werde. Das hat mit den Slowenen zwar wenig zu tun, aber man rühmt sich hier gerne damit, so wie man sich in Piran mit dem dort geborenen Giuseppe Tartini, einem Barockkomponisten und Violinvirtuosen, rühmt oder in Ljubljana mit Gustav Mahler, der hier als junger Dirigent 1881/1882 im damaligen deutschen Stadttheater dirigierte und vorwiegend unglücklich war.

Zeitgenössische Musik hat einen wichtigen Platz im Land, viele herausragende Interpreten und Sänger stehen auf Weltbühnen, sie spielen bei den Wiener und Berliner Symphonikern oder in einem der professionellen Orchester des Landes oder dirigieren in der New Yorker Metropolitan Opera wie Daniela Candillari. Oder sie geben Solokonzerte, man denke nur an Dubravka Tomšič Srebotnjak oder Irena Grafenauer, an Bernarda Fink oder an experimentelle Komponisten wie Vinko Globokar, Bor Turel, Uroš Rojko, Nina Šenk oder Vito Žuraj.

Man kann sich schnell in den Musikrichtungen verirren, hat man ja von Jazz, klassischen und modernen Chansons (Marjana Deržaj, Elda Viler, Vita Mavrič), Weltmusik (Terrafolk, Katalena, Vlado Kreslin) bis Pop (Magnifico), Rock (Lačni Franz, Laibach, Siddhartha, Orlek, Dan D, Koala Voice) und Techno (DJ Umek), slowenischem Rap und Trap (Matter, Murat & Jose, Nipke, Masayah) eigentlich vieles. Es gibt aber keinen Radiosender, der ausschließlich slowenische Musik spielen würde. Neben englischsprachiger Musik hört man überall Musik aus dem ehemaligen Jugoslawien. Musiker aus Kroatien, Bosnien und Serbien sind nach wie vor in Slowenien Superstars (nicht aber umgekehrt). Die Musikindustrie ist der stärkste kulturelle Faden, die letzte offensichtliche Nabelschnur, die die geschiedenen ehemaligen jugoslawischen Republiken noch immer verbindet.

Und so sind wir endlich bei der Literatur angelangt. Für mich als Autor ist es schlicht unmöglich, in ein paar Sätzen Tipps und Tricks zu geben, mit denen man dieses weite Feld umreißen könnte. Es gibt Bücher, die man sucht, und solche, die einen von selbst finden. Entscheidend ist, dass man sich am Ende trifft. So bin ich Ihnen, liebe Leserin, lieber Leser, dankbar, dass wir uns in diesen Zeilen begegnen. Und ich hoffe, Sie verstehen, dass ich jetzt keinen Blödsinn machen möchte und Ihnen wirklich nur Bücher empfehlen will, die nicht nur informativ sind, sondern direkt unter Menschen, in ihre Lebensart und ihre Unarten führen. Und es soll nicht zu viel des Guten werden. Nachdem man die Klassiker Ivan Cankar und Vladimir Bartol und Alma Karlin gelesen hat, sollte man noch unbedingt Lojze Kovačič lesen, seine *Die Zugereisten*, die Ljubljana in und nach dem Zweiten Weltkrieg aus der Perspektive eines deutschsprachigen Jungen schildern. Und wenn man nicht genug von jugoslawischen Zeiten haben kann, liest man noch Vitomil Zupan hinterher. Dann könnte man eine kurze Verschnaufpause bei der Lyrik einlegen, die in Slowenien ja die Königsdisziplin ist, Srečko Kosovel, Tomaž Šalamun, Dane Zajc und als Nachspeise dann etwas Zeitgenössisches? *Die Nacht, als ich sie sah* von Drago Jančar, *Engel des Vergessens* von Maja Haderlap, einer zweisprachigen Autorin aus Kärnten, eine Erzählung von Mojca Kumerdej oder den Roman über Jugoslawien, *Vaters Land* von Goran Vojnović, dessen Romanpersonen oft und gerne fluchen, man ist ja Künstler, bitte sehr!

Kreisverkehre und Volksmusik

Fährt man an der Ausfahrt Radovljica/Bled von der Autobahn ab, dann kann man einen Kreisverkehr nicht verfehlen, wo anstelle der üblichen kitschigen Wasserspringbrunnen, Weinreben und Obelisken, die sich die BürgermeisterInnen der kleinen und weniger kleinen slowenischen Städte zur symbolhaften Verschönerung aufstellen lassen, eine riesige Ziehharmonika steht, die den flüchtigen Blick der Vorbeifahrenden anzieht.

Nicht, dass dies das Schlimmste wäre, was einem im slowenischen Kreisverkehr widerfahren könnte, es gibt Schlimmeres, beispielsweise allerhand Boote: ein illyrisches Boot bei Ilirska Bistrica oder die Argo der Argonauten bei Vrhnika, wo nach lokalen Erzählungen Jason und sein Gefolge ihr Boot über Land geschleppt haben oder, wie eine zweite Variante der Sage geht, auf einem unterirdischen Fluss endlich die Adria erreicht haben. Ein weiteres in einem Kreisverkehr verewigtes Boot schmückt ganz am anderen Ende des Landes einen Vorort von Maribor mit dem Namen Duplek. Es soll possenhaft eine Art kontinentale Marine symbolisieren, in einem Ort ohne Meer und ohne Schiffe, in dem man nur zu Zeiten des Faschings auf einem Fluss von Alkohol die Segel setzt, um ins Unbekannte zu reisen.

Vor 1991, zu Zeiten des Kommunismus, war die Verkehrsampel die rote Königin. Im Kapitalismus dreht man sich lieber im Kreis, nicht nur, um den Verkehrsfluss zu beschleunigen. Der Kreisverkehr ist eine auf den Slowenen zugeschnittene Erfindung, bildet er ja kleine insulare Territorien, ein Niemandsland hier, ein Niemandsland dort, wo man dem lokalen Gestaltungsgenie freien Lauf lassen kann. Es versteht sich von selbst, dass man dafür keine Künstler holt, keine Architekten oder Bildhauer, dafür sind die kommunalpolitische Verantwortung und der Geltungsdrang des Landbürgermeisters zu groß. Wo man zu kommunistischen Zeiten mit großer Wahrscheinlichkeit wenigstens das örtliche Politbüro in den Entscheidungsprozess einbezogen hätte, entscheiden heute meist einzelne LokalpolitikerInnen. Ich weiß nicht, wer von ihnen für die Ziehharmonika im Kreisverkehr vor Bled verantwortlich ist, klar ist jedoch, dass man damit ein Wahrzeichen setzen wollte, das seinen Ursprung in dem nahe gelegenen Ort Begunje hat, wo heute ein Museum als der »Tempel« der Avsenikkunst steht und von wo aus die Brüder Slavko und Vilko Avsenik mit ihrem Oberkrainer-Quintett Avsenik die Welt erobert haben.

Für ein Drittel der Slowenen ist es die Kultur, die man am liebsten verdrängen möchte, in Trachten und Dirndl gekleidete Musiker und Sängerinnen, die die sentimentalsten Ruhmestexte auf die Schönheit der Alpen, die ewig selige Heimat und die vergängliche Liebe von sich geben. Den restlichen zwei Dritteln Slowenen aber beginnt der

Puls schneller zu schlagen, und das Herz geht ihnen auf. Eine Avsenikpolka fehlt auf keiner slowenischen Hochzeit oder Familienfeier. Die Avseniks haben ein festes Fundament für eine Volkskultur geschaffen, die zahllose Nachahmer weltweit gefunden hat und schon zu Zeiten des Kalten Krieges ein starker Verbindungspunkt zwischen dem damaligen Jugoslawien und vor allem den deutschsprachigen Ländern war. Die Avseniks waren ja eigentlich auch eine deutsche Erfindung, so haben der Bayerische Rundfunk und die damalige Schallplattenfirma Telefunken maßgeblich zum Anfangserfolg der Gruppe nach dem Zweiten Weltkrieg beigetragen.

Zwischen 1953 und 1990 haben die Avseniks beziehungsweise die Original Oberkrainer, wie sie sich in Deutschland nannten, mehr als 600 Lieder geschrieben, über vierzig Millionen Schallplatten verkauft, sind fast 10 000-mal aufgetreten und hatten mehr als 150 Fanclubs weltweit. In meiner Kindheit und Jugend, in den Siebziger- und Achtzigerjahren, waren sie ein Muss, sie tönten aus dem Radio in jedem Geschäft und aus dem Fernseher während des Mittagessens am Sonntag, sie wurden von den Bands und Kapellen bei örtlichen Festen und in den Sendungen zur Silvesternacht nachgeahmt.

Mein Vater spielte Trompete und Knopfdruckharmonika in einer dieser Tausenden Bands, die mit den Songs der Avseniki die lokalen Partys unsicher machten. Wenn er zu Hause übte, hielten wir uns die Ohren zu. Meine Mutter verbannte ihn zum Üben ins entlegenere Badezimmer, wo er, auf dem Badewannenrand sitzend, an der Knopfdruckharmonika seines Großvaters zog, drückte und presste. Er hatte sich das Spielen als Kind selbst beigebracht, und seitdem hielt er das Instrument immer falsch herum. Ich hörte internationalen Rock und konnte als Jugendlicher diese Art von Musik nicht ausstehen. Wenn es aber so weit war und er mit meiner Mutter zu einem Avsenikwalzer beim lokalen Fest auftanzte, dann drehten sie sich im Glück – fast wie vom Wind getragen. Ich sehe sie immer noch vor mir, wie sie sich drehen und drehen, so wie ich mich im Kreisverkehr drehe und drehe, die stumme, riesige Ziehharmonika vor Augen, das slowenische Identifikationsinstrument schlechthin.

Der Punk und seine Folgen

Das 1926 in seinem 22. Lebensjahr verstorbene Dichtergenie Srečko Kosovel ist nach Meinung des kroatischen Schriftstellers Miljenko Jergović der Vater des slowenischen Punks. Diese Diagnose lieferte Jergović nach dem Besuch eines Konzerts von Patti Smith im November 2019 in Triest, das sie mit einem Gedicht von Kosovel eröffnete.

Kosovel war ein wenig zu früh dran für den Punk, kann aber durch seine Avantgarde-Haltung und seine Texte durchaus zu den slowenischen Künstlern gezählt werden, die sich revolutionär und liberal gegen alle gesellschaftlichen Klischees und Lügen positionierten.

Es ist eine starke künstlerische Tradition, die einen ihrer Höhepunkte Ende der Siebzigerjahre in der Punkszene erreichte.

Der Dichter und ehemalige Frontmann der Punkband Viva Ofenziva, Esad Babačić, versucht seit Jahren, in Ljubljana ein Punkmuseum einzurichten. Eigentlich ist es ein merkwürdiges Unterfangen. Punk war immer gegen

Musealisierung, gegen Totes und Verstaubtes. Und jetzt soll man dem verachteten bürgerlichen Vorbild des Einbalsamierens folgen? Esad hat eine Anthologie des slowenischen Punks herausgegeben, sich ein paar Monate vor das Monument des slowenischen Nationaldichters Prešeren gestellt und das Buch eigenhändig verkauft. Nicht, dass es üblich wäre, es war eher eine Geste, um auf die starke Fuck-you-Tradition aufmerksam zu machen.

Viele von den Texten im Buch sind wie Messerklingen, politisch und sozial scharf, und wirken in der neuen angespannten, von der Pandemie geprägten Wirklichkeit sehr aktuell, obwohl sie vor vierzig Jahren entstanden sind. In den späten Siebzigern und Anfang der Achtziger war Punk in Slowenien ganz groß. Die Bands Pankrti, Ljubljanski Psi, Kuzle und Viva Ofenziva waren Herolde einer rebellischen jungen Szene, die das kommunistische System als toten Kadaver ansah, dem man ins Gesicht spucken sollte. Ein wenig gehobener, aber nicht weniger politisch subversiv war die den Punkbands oft suspekte Kunstszene um die Neue Slowenische Kunst.

Dass man sich einen deutschen Namen zulegte, in totalitären Militärklamotten herumparodierte und damit den jugoslawischen totalitären Machthabern einen Spiegel vorhielt, war Teil der gewieften und subversiven Strategie der Band Laibach. Laibach sind nach wie vor aktiv, im Jahre 2015 gastierten sie als erste ausländische Rockband in Nordkorea. Die slowenischen Punker sind in der Zwischenzeit gealtert, die subversive Geste des Punks lebt aber in vielen gesellschaftlichen und künstlerischen Kreisen weiter, allen voran im Rap und Trap.

Man ist glücklich, wenn man dagegen ist und protestieren kann. Vor allem in Ljubljana protestiert man gerne und häufig. Zu Zeiten der Covid-19-Restriktionen kreisten jeden Freitag Tausende auf Fahrrädern um das Parlamentsgebäude und im Zentrum von Ljubljana und drückten durch das Skandieren von Parolen und durch Klingelkonzerte ausgiebig ihre Unzufriedenheit mit der Rechtsregierung aus. Esad war einer von ihnen.

Fifty Shades of Green

Grün gibt es überall in Europa. In Slowenien aber existieren mindestens fünfzig Grüntöne. In der Tat ist der erste Eindruck der Reisenden, die auf dem Flughafen Brnik landen, fast das ganze Jahr über, am stärksten im April und im späten September, dass es wohl nirgends auf der Welt so viele verschiedene Schattierungen von Grün gibt, die sich einem im früh- oder spätsommerlichen Licht besonders eindrucksvoll einprägen. Das Grün ist weitaus mehr als eine nationale touristische Werbestrategie, die seit gut einem Jahrzehnt versucht, mit einem Slovenia Green Label, mit dem grünen Plan des slowenischen Tourismusverbandes, mit grünen Strategien, mit einem grünen Logo und mit Tourguides in grünen T-Shirts nicht nur die Augen der Fremden, sondern auch die der Slowenen selbst fürs Grün zu öffnen – alles liegt im grünen Bereich!

So fängt auch das Buch *Sun and Rain* von Ana Roš an, der ersten slowenischen Starköchin, die zum besten Koch weltweit gekürt wurde. Ana und ihr Mann Valter leben im

Sočatal, unweit der slowenisch-italienischen Grenze, wo sie das mit echten und mit Michelin-Sternen umgebene Restaurant Hiša Franko führen.

Über ein anderes Grün südöstlich vom Sočatal, auf dem Karst, hat Anfang des 20. Jahrhunderts das schon erwähnte Dichtergenie Kosovel geschrieben: »Hej, grüner Papagei,/sag, wie ist es in Europa./Der grüne Papagei entgegnet:/Der Mensch ist nicht symmetrisch.«

Nein, der Mensch ist nicht symmetrisch, und genauso wenig ist es das Erleben der grünen Farbe. Sei es das Kobaltgrün der Soča nahe ihrer Quelle, das Dunkelgrün der Kiefernwälder in Pokljuka, sei es das Grün der Trikots der Fußballnationalmannschaft, das Grün auf den Wagen der Müllabfuhr von Ljubljana, noch immer mit der Aufschrift »Green Capital of Europe 2016« versehen, sei es das Grün der Hügel von Haloze oder die grüne Bierflasche des Laško-Bieres, das der österreichische Avantgardelyriker H. C. Artmann mit schwarzer Tinte beziehungsweise med ana schwoazzn dintn pries, der öfter auf dem Motorrad die hiesigen Straßen unsicher machte. Er bestellte das Bier immer nur wortlos beim Kellner, mit einem leichten Händewinken, bei dem der Zeige- und der Mittelfinger leicht gekrümmt waren, damit das Goldhorn-Logo – nicht das Grünhorn-Logo! – des beliebten Bierproduzenten ersichtlich wurde.

Ja, in Slowenien wird auch dem Farbenblinden von so viel Grün schwindlig. Schwindlig wird oft den Abgeordneten im Parlament. Verfolgen alle Parteien auf dem Papier auch eine grüne Agenda, so gibt es doch keine grüne Partei, die in den letzten zwanzig Jahren ins Parlament eingezogen wäre. Warum? Weil das Grün vielleicht wirklich schon omnipräsent ist?

Jugo-Nostalgie

Der Schauspieler Ivo Godnič, ein Tito-Fan und begnadeter Imitator, hat sich nach dem Zerfall Jugoslawiens, verkleidet als ehemaliger Marschall und Diktator, in die Straßen von Belgrad, Sarajevo und Ljubljana aufgemacht, um die Reaktionen der Leute zu filmen, die zwanzig Jahre nach dessen Tod den Schöpfer Jugoslawiens trafen. Die Szenen waren unglaublich, es gab Menschen, die weinten und ihn offenherzig als Tito ansprachen. Seither sind weitere fünfzehn Jahre vergangen, und Godnič verstieg sich in seinen politischen Aussagen und Aktionen manchmal so sehr, dass man ihn sogar vor Gericht brachte.

Die älteren Generationen sind nach wie vor in einem Diskurs gefangen, der um die Frage kreist, ob Jugoslawien ein totalitärer Staat gewesen ist oder ein Staat der Mitte, in dem es uns besser ging als im Kapitalismus. Jüngere Menschen wissen oft nicht mehr, wer Tito war, sie wurden zwischen oder nach den Kriegen, die Jugoslawien verwüstet haben, geboren, bekommen aber von den älteren Generationen reichlich Traumata und Verschönerungsgeschichten erzählt; dabei oszilliert der Zeiger zwischen dem Heroischen und der Kritik. Die Nachfahren der Emigranten aus den ehemaligen Teilen des gemeinsamen Landes bilden bis heute Subkulturen und Geschäftsseilschaften, die ihren Ursprung in Jugozeiten haben. All das ist ein gutes Substrat für das Aufkeimen von nostalgischen Regungen, obwohl man immer weniger weiß, worauf sich diese Regungen eigentlich wirklich beziehen. Am tiefsten verwurzelt sind sie in der populären Musik und im Film. In Slowenien wird noch immer extrem viel Musik aus dem ehemaligen jugoslawischen Raum gespielt, vor allem aus Kroatien.

Wenn sich Jugendliche aus Sarajevo und Ljubljana zusammenfinden, sprechen sie miteinander meist englisch. Für Kids aus Zagreb ist Ljubljana kein Ort, nach dem sie Reisewünsche hegen oder den sie als gemeinsamen kulturellen Raum wahrnehmen würden; in Sarajevo trifft man ab und zu noch immer Leute, die, ohne zu zögern, nach Ljubljana ziehen würden. In einer Pizzeria mitten in Belgrad sang die Kellnerin, als sie feststellte, dass mein damals siebenjähriger Sohn aus Slowenien stammt, ihm einen bekannten alten slowenischen Jugosong von Martinov Lulček vor, sodass alle Gäste sie anstarrten – mein Sohn und ich inklusive. Staaten werden gebildet, Staaten zerfallen. Oft fühlen wir uns berechtigterweise so, als ob wir, die Menschen dieser zerfallenen Staaten, nur das Abfallprodukt dieser Prozesse wären.

TEIL 3: DIE LANDSCHAFTEN

Die Hügel

Wenn man sich Sloweniens Hügellandschaften auf der Landkarte anschaut, dann kommt es einem so vor, als stünde man vor der Leinwand eines Malers, auf der der Künstler mit einem großen Pinsel einen dicken, groben Strich gezogen hat, eine die ganze Komposition bestimmende Geste: Goričko, Jeruzalem, Haloze, Kozjansko, Dolenjska. Er hat oben begonnen, ganz rechts im Eck, und sich dann in einer sanften Drehung Richtung Meer vorbewegt, hat das untere linke Ende der Leinwand ausgedehnt, ist über Čičarija und in den slowenischen Teil von Istrien gestrichen und hat mit einem großen, ganz hellen Tupfer die Farbe nördlich von Triest in die Goriška Brda gesetzt. Überall, wo es Hügel gibt, gibt es auch Wein. Die Hügel sonnen sich in ihrer Fruchtbarkeit, sie sind oft sehr entlegen, vergessen von den Haupttourismusrouten, eher für einzelne Entdeckungslustige und örtliche Wochenendausflügler bestimmt, was sich aber seit Airbnb ändert.

Gleichwohl sind die Hügelgebiete vorwiegend ärmlichere Gegenden mit herzhaften Menschen, sie zeichnen sich durch ein Labyrinth von kleinen, sich windenden Straßen aus, auf denen man sich trotz Google Maps leicht verfährt, immer wieder ergeben sich atemberaubende Ausblicke, und es tauchen kleine Häuser auf, ab und zu ein jahrhundertealter Bau oder eine Schlossruine, der Melancholie des langsamen Verfalls preisgegeben. Dann gibt es da die *cimprače*, die alten Holzlehmhäuser mit Pflaumenbäumen in den Gärten davor, in Goričko, die *butane bajte*, die Lehmhäuser mit alten Apfelbäumen, in Haloze, die kleinen Wochenendhäuser mit Birnenbäumen in Kozjansko, die *zidanice*, kleine Winzerhäuser aus Holz mit den großen Backsteingewölben der Weinkeller, in Dolenjska, bis zu den meist geräumigeren, mit Olivenbäumen und Maulbeerbäumen gesäumten alten Steinhäusern Istriens.

Der Weg zu ihnen führt immer wieder bergauf und bergab, das Geheimnis liegt hinter der nächsten Kurve, unbekannte Gesichter von Kindern und ganz alten Menschen, die einen schauen aus den Haushöfen durch alte und neue Fenster heraus, die anderen lugen hinter Gartenzäunen hervor oder werfen ihre Blicke vom steilen Acker aus. Sie verkaufen nichts, sie wollen nichts haben, sie bezeugen nur im kurzen Augenblick eine unvergessliche Begegnung. Ich selbst komme aus einer Hügellandschaft, aus den slowenischen Weingärten, Slovenske gorice, unvergesslich sind mir der Duft der Erde, der Morgentau und die Nähe der Sterne in den Nächten. Unvergesslich sind die Morgen in den Frühlingsmonaten, wo sich dicker Nebel in die Täler schleicht, man aber oben, auf den Hügeln, von der Sonne umschienen, auf ein endloses Archipel von Hügelinseln in einem weißen Meer schaut, ergriffen von der Pracht, und in Gedanken ins Unendliche reist. Unvergesslich ist die Stille des rieselnden Schnees, der sich auf die Landschaft setzt wie der eigene Mantel, den man einem frierenden Kind behutsam um die Schultern legt.

Alle zehn, zwanzig Kilometer kommt man an einem kleinen Ort vorbei, wo sich Hund, Katze und der Herrgott Gute Nacht sagen, ein Dorf mit Kirche, Schule, einem alten Wirtshaus oder einem neuen Supermarkt mit Bar, ein paar mehrstöckigen Wohnhäusern, gebaut nach Modellplänen in den letzten Jahren des Kommunismus, und einem großen Feuerwehrhaus. War in diesen verschlafenen Gegenden traditionellerweise die Kirche das Zentrum des öffentlichen Lebens, dann wurde ihr spätestens ab dem Zweiten Weltkrieg ein weltliches, oft liberales entgegengesetzt: die freiwillige Feuerwehr. Es gibt in diesen Dörfern nichts Wichtigeres als die Feuerwehrpartys im Sommer, die Festlichkeiten zum 1. Mai, dem internationalen Tag der arbeitenden Klasse, die in einem von der Feuerwehr organisierten Freudenfeuer gipfeln. Von den Hügeln steigen Flammen auf, man trinkt und singt und freut sich auf den anstehenden Sommer. Fast jeder zehnte Slowene beziehungsweise jede zehnte Slowenin ist Mitglied eines freiwilligen Feuerwehrverbandes, die Organisation genießt auf dem Land großes Vertrauen und blieb im letzten Jahrhundert klar politisch profiliert. Vielerorts ist die lokale Feuerwehr nicht nur eine Ausrede für Geselligkeit. Sie bietet reichlich Wettkämpfe und internationale Zusammenkünfte, und wenn man besonders ehrgeizig ist, wird man mehrfach Feuerwehrolympiasieger, wie etwa die Frauenmannschaft aus Hajdoše, der Stolz des ganzen Ortes.

Vielerorts sind gerade diese verschlafenen Hügellandschaften die Regionen mit dem größten Entwicklungspotenzial. Bis vor Kurzem waren es die Gegenden, die am stärksten von der Landflucht getroffen wurden, viele Jugendliche zogen fort und kehrten zwanzig, dreißig Jahre später zurück, um sich doch noch das Traumhaus zu bauen oder einen irgendwie verlorenen Frieden wiederzufinden. Das ändert sich. Das Abseits erhält neues Gewicht, es wird zunehmend gesucht und geschätzt, oft zieht es auch junge Familien in die mit Melancholie, Zeitlosigkeit und Stille aufgeladenen Ecken.

Viele, nicht nur Grundstücksmakler, haben im Althergebrachten neue Geschäftsmodelle gefunden. Bei meinen Eltern, die nach wie vor in den slowenischen Weingärten/Slovenske gorice leben, schaute neulich ein Geschäftsmann vorbei. Er hat sich auf den Ankauf der alten, riesigen Weinpressen spezialisiert, die noch vielerorts in den *cimprače*, *butanice*, *zidanice* stecken und seit Jahrzehnten unbenutzt vor sich hin dämmern. Über 300 Stück hat er in den letzten Jahren angekauft, sie klein gesägt und aus dem edlen, jahrhundertealten Holz Designermöbel gestaltet oder furniert. Der Mann interessierte sich auch für unsere alte Weinpresse, die seit Langem nicht mehr genutzt wird. »Und was denkst du?«, fragte ich meinen Vater. »Ich denke, dass das Pressbein vor 150 Jahren aus dem Baumstamm einer Rieseneiche gezimmert wurde, der Baum muss, als man ihn gefällt hat, da schon wenigstens 150 Jahre, wenn nicht älter gewesen sein. Er soll da bleiben, wo er steht, auch wenn er mir und dir nichts nützt …«

Der Wald

Verlässt man an einem Sommerwochenende Ljubljana in Richtung Küste, ist die Wahrscheinlichkeit eines Staus auf dem wohl am stärksten ausgelasteten Autobahnabschnitt des Landes nicht nur groß, sie ist auch willkommen. Man würde ansonsten ja zielstrebig geradeaus an den wunderbaren Wäldern vorbeiflitzen und wenig von ihrer Pracht mitbekommen. So aber kann man sich, von der endlosen Blechschlange mitgeschleppt, in einen beruhigenden Meditationsmodus eingrooven, das Autofenster öffnen und das von den majestätischen Baumstämmen erfrischte Ozon ins Auto lassen, eine Luft genießen, deren Frische mit jedem Meter Steigung hinter Vrhnika Richtung Postojna zunimmt. Wozu ans Meer, wenn einen schon ein grünes Meer aus Kiefern und Eichen erwartet, ein Meer aus Buchen, Fichten und Erlen, das einen die meiste Zeit des Jahres umgibt?

Wenn man die gleiche Strecke zwischen Dezember und März abfährt, ist der Anblick eher trüb. Laublose Baumstämme ragen wie ein Gerippe zum Himmel, vielerorts sind Baumlücken sichtbar, etliche von ihnen sind Anfang Februar 2014 entstanden, als plötzlich ein Eissturm über die Gegend hereinbrach, so gewaltig, dass man sich von früher an nichts dergleichen erinnerte. Es war ein Moment magischer, aber auch tragischer Schönheit, die Landschaft zitterte wie in einem Zeichentrickfilm unter einer bis zu zehn Zentimeter dicken kristallinen Eisschicht, es fehlte lediglich die völlig unverfrorene Eiskönigin. In den folgenden Tagen kam es dann zur Katastrophe, und Teile der Landschaft, die zuvor von wunderbaren Wäldern bewachsen waren, brachen unter der Eislast zusammen. Es sah wie ein Kahlschlag aus. Noch nach fast einem Jahrzehnt sind die Wunden der damaligen Verwüstung zu sehen.

Fast sechzig Prozent des Gebietes Sloweniens bestehen aus Wald. Vor rund 150 Jahren betrug der Baumbestand nur die Hälfte davon, erst im 20. Jahrhundert wurde dann weniger Holz gefällt, und viele Freiflächen wurden wieder zu Wald. Im letzten Jahrzehnt nahm der Waldbestand langsam wieder ab. Trotzdem liegt Slowenien an der europäischen Spitze, was die Waldbedeckung anbelangt. Es gibt mehrere Ecken, in denen man in Slowenien auf unberührten Urwald stößt. Man hat vierzehn geschützte Gebiete als Urwälder ausgezeichnet, in Pohorje läuft man unter den Riesentannen des Šumik an einem kleinen Fluss entlang, auf dem Berg Donačka gora wandert man unter uralten Buchen, ähnlich im Bugov gozd bei Idrija.

Neben den Buchen sind meist die Tannen die Königinnen der slowenischen Wälder. Die höchsten der über 500 Jahre alten Nadelhölzer findet man in den Tiefen des Kočevski gozd, wo alles in Verbindung mit Holz auch eine deutschsprachige Geschichte hat, leben in dieser Gegend ja noch Nachfahren der Gottscheer Deutschen, die über

600 Jahre lang bis zum Zweiten Weltkrieg eine feste Sprachinsel rund um die Kleinstadt Gottschee/Kočevje bildeten und einen südbayrischen Dialekt sprachen. In einer Großaktion der Nationalsozialisten wurde eine Mehrheit der deutschen Gottscheer im Jahr 1941 umgesiedelt, da das Gebiet damals Italien zugeschlagen wurde. Viele der zurückgebliebenen deutschen Gottscheer schlossen sich in den kommenden Jahren den slowenischen Partisanen an. Trotzdem wurden die restlichen Deutschen nach 1945 vertrieben, über hundert ihrer Dörfer wurden aufgelöst und dem Erdboden gleichgemacht, teilweise wurden Militärsperrgebiete daraus, eine historische Wunde, die der slowenischen Öffentlichkeit nicht genug bekannt ist und deshalb bis heute klafft.

Der dicht bewaldete Süden um Kočevje ist unter anderem das Zuhause des Braunbären. Immer wieder tritt der Bär in die Imagination und in das Leben der Slowenen ein. Sei es in Märchen oder Erzählungen, in denen er nie ein intellektueller Bär Pu ist, eher eine abgemilderte, gutwillige Version von Maschas Bären aus der beliebten Animationsserie. Viele der Tiere sind Nachkommen von Bären, die zu Zeiten der jugoslawischen Kriege vor dem Lärm der Geschütze Richtung Norden flohen. Sie haben sich gut eingelebt und werden von den Slowenen überwiegend geliebt. Trotzdem besteht ein permanenter physischer, medialer und politischer Kampf zwischen den Beschützern der rund 2500 Braunbären und ihren Gegnern, die es am liebsten sähen, wenn man die Population größtenteils in Bärensalami verwandeln würde, mit gerösteten Bärentatzen als ganz besonderer Spezialität.

Einmal führte ich einen lieben italienischen Freund, der Jahre einer opulenten Fleischdiät hinter sich hatte und keinerlei Essskrupel kannte, in ein Restaurant, wo auch Bärentatzen zubereitet wurden. Sie kamen in einem silbrigen Oval auf den Tisch, dünne Sehnen hingen von den gekochten Knochen. Ich brachte es nicht über mich, das zu essen, mein Freund aber aß mit ernsthafter Miene und wiederholte immer wieder vor sich hin sinnend: »This meat is not for pussies.« – »Dieses Fleisch ist nichts für Weicheier.«

Zur öffentlichen Wiedervorlage des Kampfes der Bärenschützer vs. Bärenfeinde kommt es, sobald sich ein Bär im Winter den Häusern nähert oder eine Bärin mit Jungen sich bedroht fühlt und angreift. Das gerät sofort in die Schlagzeilen. Vor Jahren hat man Bären sogar exportiert, um Teile Norditaliens und der französischen Pyrenäen wieder mit Bären zu bevölkern, meist begleitet von heftigen Protesten französischer Bauern. Der Bär ist und bleibt ein beliebter Außenseiter, ein migrierender Freiheitskünstler, und man weiß nie so recht, ob Braunbär-Fotosafaris, die zunehmend an Beliebtheit gewinnen, dem Pelztier Schutz gewähren oder ihm die letzten Freiheitsräume rauben.

In der populären Imagination ist der Wald nicht nur das Zuhause von Hexen und lokalen Elfen, von wild behaarten bösen Männern und Einsiedlern ähnlichen Kräutersammlern. Der Wald ist für den Slowenen ein Ort der nicht verbalen Erziehung, die zweite Kinderstube, die man spätestens bei den Pfadfindern verpasst bekommt. An den slowenischen Wald denkend, kann man nicht an Kekec vorbei, dem jungen Hirten von den Wiesen und aus den Wäldern der Julischen Alpenhänge, der wie kein anderer zur kanonischen Popikone des Landes geworden ist durch Bücher, Musik und vor allem durch den Film. 1951 brachte der erste der drei Kekec-Kultfilme es sogar zu einem Goldenen Löwen in der Kategorie Kinderfilm beim Filmfestival in Venedig. Als der Schriftsteller Josip Vandot Anfang des 20. Jahrhunderts den Roman *Kekec* schrieb, konnte er nicht ahnen, dass sein junger Superheld sechzig Jahre später den Deckel der beliebtesten Pastete des Landes zieren und noch später zum Namensgeber des Kekec-Vergnügungsparks werden würde.

Zu Zeiten Jugoslawiens hat man die Slowenen oft pejorativ *Kekeci* genannt, wurde das populäre Stereotyp vom Bewohner der nördlichsten Republik des sozialistisch-föderativen Tito-Staates vor allem durch seine Kletter- und Waldeslust definiert, ein braver, fleißig arbeitender Dickkopf mit den Eigenschaften eines Steinbocks. Man spottete, dass der Slowene bereits vor dem Frühstück von den Julischen Alpen herabjodelt, tagsüber dann als Pferdeknecht in Wien arbeitet und abends die Skier abschnallt und auf der Ziehharmonika spielt. Aber so war Kekec eben nicht. Süß geschrieben und noch süßer verfilmt, ist die Kernidee seines Charakters die innige Verbindung zwischen Natur und Mensch, in der immer das Gute siegt, unterwegs aber vieles erduldet werden muss.

Der Wald ist der Ort, in dem wir umherirrend zu uns selbst finden. Oft dient er aber auch als Zuflucht. Denken Slowenen an den Wald, können sie nicht umhin, an die Partisanen zu denken, denen die Wälder im Zweiten Weltkrieg Schutz und Unterschlupf boten. Zwei ganz besondere Orte legen bis heute, geschützt von den tiefsten Wäldern, Zeugnis ab von der Wichtigkeit des Waldes für den slowenischen Widerstand. Das Partisanenlazarett Franja war während des Zweiten Weltkriegs ein geheimes Krankenhaus nordöstlich von Cerkno. Es diente von 1944 bis zum Kriegsende 1945 der Versorgung von verwundeten jugoslawischen Partisanen. Versteckt in einer dramatisch tiefen Schlucht liegend, war es der Ort, an dem man auch die kompliziertesten Operationen in getarnten Holzbaracken durchführte, es gab ein Röntgengerät, und den Verletzten wurden beim Hin- und Abtransport die Augen verbunden, sodass niemand das Versteck preisgeben konnte. Franja, das auf der Kandidatenliste für den UNESCO-Weltkulturerbe-Titel steht, wurde 2007 von einer Flut schwer beschädigt und danach wieder restauriert.

Der zweite Ort liegt in den tiefen Wäldern der Notranjska-Region im Süden, es ist Baza 20, wo die politische Führung der Partisanen in 26 Baracken ihren Unterschlupf hatte. Nicht weit von Baza 20, von wo aus sich nicht nur die Freiheit, sondern auch der Kommunismus seinen slowenischen Weg bahnte, liegt ein weiterer im Wald versteckter Ort, als Zeuge des Kalten Krieges und der kollektiven Angst, die in den Fünfzigern und Sechzigern in der ganzen Welt umging. Lange Zeit wurde der Bunker K-35 als strenges Staatsgeheimnis behandelt und geheim gehalten. Er versteckt sich am Rande des kleinen Dorfes Škrilj. Hier baute man 1957 unter strengster Geheimhaltung 75 Meter unter der Erdoberfläche 1500 Meter Tunnel, die zu sechs Räumen führen, in denen die politische Führung im Fall eines Angriffs der Sowjetunion oder einer nuklearen Katastrophe monatelang Unterschlupf finden sollte. Tito kam zweimal zur Besichtigung, und das Ganze wurde so sehr unter Verschluss gehalten, dass der Zutritt sogar Generälen der Volksarmee untersagt war. Vor ein paar Jahren hat man den Bunker dann öffentlich zugänglich gemacht, als Besucher muss man sich auch jetzt noch anmelden und darf nur mit Begleitung rein.

Zu jugoslawischen Zeiten war die slowenische Holzindustrie im Aufschwung. Viele heute nicht mehr bestehende Fabriken produzierten unter anderem auch Stilmöbel für den Export. Auch die zwei international wohl bekanntesten in Slowenien hergestellten Designprodukte Jugoslawiens sind beide aus Holz. Da war zum einen die

Skimarke Elan und alles, was später von dieser Firma produziert wurde, von Segelflugzeugen bis zu Segelbooten. Auf der anderen Seite war das der Rex-Stuhl des Designers Niko Kralj, der weltberühmt wurde und bis heute einen Designerklassiker darstellt. Er hat sich über zwei Millionen Mal verkauft und wird immer noch hergestellt.

Nach dem Zerfall Jugoslawiens ging die Holzindustrie den Bach hinunter. Ich sprach einmal mit einem slowenischen Industriellen aus der Holzbranche. Er sagte zu mir: »Zu jugoslawischen Zeiten, da haben wir teure Küchen, Stilmöbel, ganze Wohnzimmereinrichtungen exportiert. Dreißig Jahre sind vergangen, und heute verkaufen wir billige Rohstoffe und das edle Holz an ausländische Firmen, die daraus Instrumente oder Designermöbel fertigen, wir selbst produzieren nur noch Pellets und Halbprodukte.« Der slowenische Staat versucht seit gut zwanzig Jahren, in der holzverarbeitenden Industrie wieder zur Fertigung von hochwertigen Endprodukten zu kommen, der Weg dorthin ist aber noch weit. Wichtig ist, dass Slowenen Holz sehr schätzen. In jeder Kleinstadt findet man ein paar Handwerker, Designer, Holzkünstler, die aus dem Rohstoff Holz kleine Objekte fertigen, ihn in Schmuck und Ähnliches verwandeln. Im Inneren eines Slowenen wächst immer ein Baum, auf dem die Seele rauf- und runterklettert, je nach Laune und Wetter.

Der Wald ist nicht nur Erzieherin, er ist auch der Ort eines andauernden Geschenks. Es gibt nichts Traurigeres als einen halb abgeholzten, verwüsteten Wald zu Dürrezeiten. Und nichts Erneuernderes und Großzügigeres als einen intakten Wald, in dem man Blaubeeren, Kastanien, Bärlauch und vieles mehr sammelt. Wir Slowenen sind Waldwesen und Sammler. Im Frühjahr und Herbst gibt es Perioden, nach reichlichem Regen, bei milderen Temperaturen und bei Vollmond, in denen eine regelrechte Waldflucht der Slowenen einsetzt. Man ist nicht glücklich, wenn man nicht wenigstens ein paar Pfifferlinge, Steinpilze und Rotkappen für die Suppe oder zum Braten mit Zwiebeln und Eiern ergattert hat. Es ist ja nicht so, dass man Pilze zufällig findet. Nein, man wird vom Wald gerufen, man kennt die Orte im Wald, an denen Pilze wachsen, die oft ein streng gehütetes Familiengeheimnis bleiben. Pilzsuche ist Ehrensache, sie sagt viel darüber aus, wie eng man mit der Natur verbunden ist, ob man kleine Zeichen – Moosflecken, Gruppierungen von Kiefern, Farn – zu deuten weiß oder nicht. Den österreichischen Nobelpreisträger Peter Handke verbindet mit den Slowenen nicht nur eine slowenischsprachige Mutter und eine innige Liebe zum Karst, sondern vor allem auch die Pilzmanie. *Lucie im Wald mit den Dingsda* oder *Versuch über den Pilznarren* sind zwei von Handkes Büchern, die das Pilzthema umkreisen.

Nach über zwanzig Jahren traf ich meine Gymnasiallehrerin im Fach Slowenisch wieder, und ich fand heraus, dass sie sich zu einer Expertin in mykologischen Fragen entwickelt hat. Sie überhäufte mich mit Büchern und Informationen. Die hohe Kunst des Pilzesuchens (und -findens) braucht die wissenschaftliche Auseinandersetzung, und so ist der Mykologische Zentralverband Sloweniens penibel auf die Auswertung und Präsentation von besonderen Pilzexemplaren ausgerichtet – freilich nicht nur auf die genießbaren, sondern vor allem auf die, die nicht für den Verzehr geeignet sind, beim Fliegenpilz angefangen. Eine besondere Kategorie bilden die Heilpilze, Pilzsorten, die den Superfoods zugerechnet werden, oder Pilze, die eine halluzinogene Wirkung haben und für alternative Expeditionen in den Kosmos oder in Mikrodosen als Antidepressiva gebraucht werden können.

Der Pilz und sein Ort, der Wald, stehen im Zentrum der slowenischen Imagination. So verhält es sich auch mit dem Witz, wo Pilzsammlerwitze eine besonders beliebte Kategorie bilden. So zum Beispiel der folgende: Ich ging auf die Jagd und hatte Riesenglück! – Was hast du denn geschossen? – Fünf Steinpilze! Die Slowenen sind sehr penibel, wenn man sich zu viel des Guten gönnt; zwei Kilo Pilze pro Tag sind erlaubt, es gibt Waldinspektoren, und jedes Jahr fängt die Saison mit Schlagzeilen in der Boulevardpresse an: Pilzmafia gefasst – erwischt mit 35 Kilo Hallimaschen im Kofferraum! Was wäre das erst für ein Aufruhr gewesen, wenn man den Fahrer mit 35 Kilo Trüffeln erwischt hätte!

Die Berge

Es gibt zwei Kategorien von Slowenen: diejenigen, die von den Bergen tagträumen, und diejenigen, die die Berge auch wirklich besteigen – die Letzteren sind in der Mehrheit. Es gibt niemanden, für den der Berg nicht etwas Absolutes darstellen würde, selbst wenn er aus der Tiefebene von Prekmurje kommt, von wo aus man keine Berge sieht. Die Bergliebe fängt in der im Kessel von Ljubljana gefangenen Hauptstadt an. Es gibt keinen eindrucksvolleren Blick, als im März und April auf der Slovenska-Straße Richtung Norden zu schauen, wenn man weiß, der Winter ist besiegt, die Luft klar wie Kristall und alles bereit zu einem ersten, tiefen kühlen Atemzug. Man könnte mit ruhiger Seele sterben beim Anblick der verschneiten Berggipfel in Reichweite, Alpenkämme, die nach nur vierzig Minuten Fahrt von Ljubljana über 2000 Meter hoch vor einem aufragen. Als ob man da vor den Augen eine schneebedeckte Gottheit hätte, etwas Mächtigeres und Ewigeres, als man es selbst zu sein wagt.

Die Slowenen konnten sich ja – wie schon beschrieben – nie damit abfinden, dass irgendjemand aus dem Stamm hervorragt. Das Hervorragen was seit jeher für die Alpenkämme reserviert, die Julischen Alpen, die Steiner Alpen und die Karawanken. Und unter den 352 Bergspitzen, die es in Slowenien auf über 2000 Meter Höhe schaffen, ist das absolute Nonplusultra der Dreikopf, der Triglav; er ist das Oberheiligtum der Slowenen schlechthin.

Breitet man eine Landkarte aus, dann sieht man, dass im Gegensatz zur Schweiz oder gar zum nördlichen Nachbarland Österreich Slowenien eigentlich nicht so viele von den ganz hohen Dingern hat. Lediglich 1,4 Prozent der Landesoberfläche liegt mehr als 1500 Meter über dem Meeresspiegel. Trotzdem ist auf den restlichen 98,6 Prozent die Aufmerksamkeit fest auf die Berge gerichtet. Fast jede Anhöhe ist markiert, jeder Weg begangen und in Karten und auf Webportalen dokumentiert. So erstreckt sich ein dichtes Netz von über 10 000 Kilometern an Bergpfaden, mit 178 Berghütten, in denen man außer einem majestätischen Ausblick auf die Welt auch Unterschlupf, Bier und eine einfache Mahlzeit finden kann. Über dem Ganzen waltet ein beeindruckender nationaler Bergverband mit mehr als 100 000 zumeist aktiven Mitgliedern. Für die fast zwei Millionen Besucher im Jahr ist der slowenische Teil des alpinen Hochgebirges ein Muss.

Spätestens ab dem 18. Jahrhundert projizierten die Slowenen ihre Freiheitsträume auf die Berge. Im 19. Jahrhundert gab es ein regelrechtes Wetteifern, welche Bergnamen, deutsche oder slowenische, sich normativ im öffentlichen Umgang halten würden. Als der Pfarrer Jakob Aljaž als Privatperson seiner Gemeinde die sechzehn Quadratmeter auf der Spitze des Triglavs für einen Golddinar abkaufte und am 7. August 1895 dann darauf den sogenannten Aljaž-

Turm, eine 2,5 Meter hohe, raketenförmige Metallkonstruktion, errichtete, die Bergsteigern bei Unwetter Unterschlupf bietet, war das nicht nur ein infrastruktureller, sondern ein nationaler, ja ein religiöser Akt, der weit vom üblichen kolonialistischen Katholizismus entfernt war. Der Turm, den Aljaž dem Bergverband schenkte, wurde vor ein paar Jahren von einem Helikopter ins Tal gebracht und restauriert. Er thront jetzt wieder an seinem Platz.

Auf der kleinen Wetterfahne auf seiner Spitze steht das Jahr der Errichtung verzeichnet. Zwischenzeitlich hatte man nach dem Zweiten Weltkrieg dort einen kommunistischen Stern angebracht, der aber bald nach 1991 verschwand. So wie bei seiner Errichtung trägt auch heutzutage eines der bekanntesten und symbolträchtigsten Objekte des Landes keine politischen oder religiösen Zeichen. Aljaž, der Priester und Bergsteiger, wusste, dass Religion und Politik etwas Diskutables oder noch eher Streitbares sind, das man am besten in den Tälern und Städten lassen soll. Was geblieben ist, ist der Spruch, dass man kein Slowene ist, wenn man nicht den Triglav bestiegen und auf der Spitze die Bergtaufe mit einigen Bergseilhieben aufs Hinterteil erhalten hat, wobei man in Richtung des Aljaž-Turms blicken sollte.

Der Triglav ist das Nationalsymbol des Landes. Sein Dreizack findet sich im Nationalwappen und auf der Fünfzigcentmünze. *O Triglav, mein Heim (O Triglav moj dom)* ist eines der berühmtesten Volkslieder, der Berg wurde von Oberkrainerbands wie Avsenik oder Slak, von Rockern wie Lačni Franc und Agropop besungen, von traditionellen wie von zeitgenössischen visuellen Künstlern wie OHO oder dem Künstler-Trio Janša&Janša&Janša immer wieder verewigt, idealisiert, ironisiert, parodiert, digitalisiert etc. Slowenische Olympiasportler und die Spieler der Fußballnationalmannschaft tragen den Triglav auf ihren Trikots, das Bild vom Triglav hängt an den Wänden von Emigrantenverbänden in Australien und Argentinien, in Spelunken und im Präsidentenpalast. Der Dreizack wird mehr oder weniger stilisiert auf Tonnen von meist in China hergestellten touristischen Memorabilien aufgedruckt, gestempelt, eingraviert, eingeritzt, eingebrannt. Dabei vergisst man allzu schnell, dass der Berg gar keine drei Gipfel hat, sondern höchstens zwei. Schon frühe Erforscher dieser alpinen Gottheit versuchten, eine Perspektive zu finden, von wo aus man die drei Köpfe herausragen sieht – vergeblich. Immer wieder hat man deshalb betont, dass »TRI-GLAV«, was wortwörtlich »DREI-KOPF« bedeutet, eigentlich keine Herleitung der geologischen Formation des Berges ist, sondern eine religiöse Bestimmung der Bergspitze, von wo aus eine dreiköpfige Gottheit über der Welt waltet.

Schon der große Julius Kugy hat mehrfach auf den wahrscheinlich vorchristlichen Ursprung des Namens hingewiesen. Kugy war ein in Wien promovierter, auf Deutsch schreibender, slowenischstämmiger, friaulisch sprechender und italienisch handelnder Schriftsteller und Bergliebhaber, der in Triest verstarb. Ein Pionier des Alpinismus und ein passionierter Naturliebhaber und Botaniker. Bis heute bleibt er in allen drei Ländern der Inbegriff der grenzüberschreitenden Idee der Alpen, die nur gutes und schlechtes Wetter, mehr oder weniger hilfsbereite Menschen kennt – und auf nationale Grenzen pfeift. Sein Buch *Aus dem Leben eines Bergsteigers* mit den eindrücklichen Berg- und Naturbeschreibungen der Julischen Alpen ist nach wie vor ein Standardwerk der Bergliteratur, wie auch der Name Kugy zum Symbol für die ab den 1980ern propagierte Idee einer europäischen grenzenlosen Alpen-Adria-Region wurde.

»Auf der sonnigen Seite der Alpen« hieß der Werbespruch des slowenischen Fremdenverkehrsverbandes in den letzten Jahren von Jugoslawien. Es waren die Alpen, die im Vergleich zu den anderen jugoslawischen Republiken, die zwar hohe Berge wie die Dinara hatten, aber doch keine alpengebundenen Identitätsvorstellungen kannten, das ganze Land in der damaligen europäischen Ost-West-Aufteilung noch westlicher positionieren sollten. Es war die Wiederholung einer alten Trope. Der erste slowenische Kinofilm *V kraljestvu Zlatoroga* (zu Deutsch *Im Reich des Goldhorns*), ein Stummfilm aus dem Jahr 1928, handelte von der Ersteigung des Triglavs durch einen Studenten, einen Arbeiter und einen Bauern – Repräsentanten aller damaligen Volksschichten also.

Die Zwischenkriegsjahre, in denen die Staatsgrenze zwischen dem Königreich Jugoslawien und Italien direkt über die Spitze des Triglavs verlief, waren zugleich die Jahre des Wettlaufs der Alpinisten und Bergsteiger um die Eroberung neuer, zuvor noch nicht erkletterter Berge und Steigrichtungen. Der Kult um den slowenischen Bergsteiger, der auf die scheinbar unbezwingbaren Gottheiten kraxelt, wurde geboren. Dr. Klement Jug, ein Philosoph und einer der Pioniere des Bergsteigens, rief zu einer kühlen, wissenschaftlichen Auseinandersetzung mit der Bergwand auf, nicht als ästhetische Erfahrung oder von religiöser Ehrfurcht vor dem Berg gezeichnet, sondern in der ethischen Haltung des Bergeroberers verankert, der Disziplin und Selbstentsagung pflegen soll. Jug verunglückte tragisch mit 26 Jahren in der Nordwand des Triglavs bei einer Soloklettertour. Der Mythos des das Absolute suchenden slowenischen Alpinisten war geboren.

Jug galt vielen als Vorbild. Und viele endeten auf ähnlich tragische Weise. Die Bergpionierin Pavla Jesih überlebte einen schweren Sturz und eröffnete später eine Reihe von Kinosälen, andere hatten weniger Glück. Bald wurden die slowenischen Alpen zu klein und waren nicht mehr unbezwingbar genug. Der slowenische Alpinismus eroberte das Dach der Welt und zahlte einen hohen Preis dafür. Der Wikipedia-Eintrag von im Himalaja tödlich verunglückten slowenischen Alpinisten zählt 34 Namen. Wenigstens zwei von ihnen müssen an dieser Stelle erwähnt werden. Nejc Zaplotnik, dessen einzigartiges Buch *Der Weg* zu den Klassikern der Bergliteratur zählt, ein alpinistischer Vorläufer von Krakauers *In die Wildnis*. Eine eindrucksvolle Lebensphilosophie vom Weg des Alpinisten, der vor dem Ziel steht. Mit nur 31 Jahren verstarb Zaplotnik am Manaslu.

Der Zweite ist ein Zollbeamter aus Kamnik, Tomaž Humar. Humar war ein Alpinist des Unmöglichen, von dem Reinhold Messner als von einem Visionär des Alpinismus schwärmte. Nach einer spektakulären Rettung 2005 durch einen pakistanischen Militärhubschrauber aus der Wand des Nanga Parbat, in der er sechs Tage lang auf 6000 Meter Höhe im Schneesturm hing und mehrere Lawinenabgänge überlebte, sagte Humar, er habe sich wie ein Staubteilchen auf einem weißen Tischtuch gefühlt. »Zuletzt stirbt der Schmerz«, meinte er vergnügt in einem Interview lediglich 48 Stunden nach der Rettung. »Wenn alle immer auf die Langsamen warten würden, würden wir noch immer Steine klopfen wie in der Steinzeit.« Humar, über den die amerikanische Schriftstellerin und Alpinistin Bernadette McDonald ein eindrucksvolles Buch geschrieben hat, brach sich vier Jahre später beim Abstieg vom Langtang im Himalaja das Bein und wurde erst Tage später tot geborgen.

Die Slowenen waren seit jeher individuelle Extremsportler. In den letzten Jahrzehnten änderte sich zwar die Gruppenpsychologie. Allmählich ist man bereit, auch in Mannschaftssportarten Höchstes zu leisten. Bis vor Kurzem war das mit ein paar Ausnahmen noch nicht so. Die slowenischen Sportgrößen zu Zeiten Jugoslawiens waren Individualisten, selbstmörderische, passionierte Fanatiker, Genies und Lebenskünstler. Die kühnsten Individualisten von allen waren die Bergsteiger, die sich sowieso oft nicht als Sportler empfanden, gefolgt von den Skispringern. Nur sie kamen den Alpinisten nahe mit ihrem ruhigen Blick, mit dem man in Abgründe schaut.

Slowenien hatte immer herausragende SkifahrerInnen, Mateja Svet, Bojan Križaj, Rok Petrovič, später Tina Maze oder Ilka Štuhec. Sie werden nach wie vor geliebt und verehrt. Die wirklichen Könige, die Künstler der Wahnsinns, waren und bleiben aber immer die Skispringer. Primož Peterka, Peter Prevc, Robert Kranjec und viele, viele andere Damen und Herren.

Im Nationalpark Triglav liegt die Skisprungschanze aller Schanzen dieser Welt, Planica. Mit den dortigen Wettbewerben endet meist die Weltcupsaison, mit Sprüngen über 250 Meter und mit einem Publikumsauflauf ohnegleichen. In Ljubno in der Štajerska finden Springen im Skisprung-Weltcup der Frauen statt. Das Skispringen ist aber auch anderswo zu Hause, wo viel weniger oder in manchen Wintern auch gar kein Schnee fällt. Geht man auf einem längeren Spaziergang im Tivolipark in Ljubljana um den Rožnik-Hügel herum, kommt man überraschend an drei kleineren Schanzen des Skispringerclubs Ilirija in Mostec vorbei, mitten in der Hauptstadt also. Der Rekord auf der größten liegt bei sechzig Metern, und es wird auch im Sommer gesprungen.

Und wenn wir schon von Bergen und extremen Sportlern sprechen, wollen wir mit dem Alpinisten und extremen Skifahrer David Krničar enden, der als Erster vom Gipfel des Mount Everest bis ins Basislager auf Skiern abfuhr und in den Folgejahren das Gleiche an den Seven Summits, den höchsten Bergen der sieben Kontinente, wiederholte. Er starb nach einem Unglück beim Holzfällen vor seiner Haustür in Jezersko.

Das Wasser

Nachdem sie das Goldene Vlies gestohlen hatten, flohen die Argonauten die Donau stromauf segelnd, von da bogen sie in die Sava links ein, von da nochmals links in die Ljubljanica, den Fluss, der rund dreißig Kilometer vor Ljubljana bei der Stadt Vrhnika entspringt. Unterwegs vergnügte sich Jason mit der Drachenjagd, er tötete das arme Tier, das auf dem Ljubljaner Berghügel seine Faxen trieb, gründete die Stadt und erhielt die erste Ehrenbürgerurkunde der künftigen slowenischen Hauptstadt, die zu diesen Zeiten nur Morast war.

Diese Gräueltat wurde später ein wenig ausbalanciert, da das arme erlegte Tier ins Hauptstadtwappen wanderte, die Argo, Jasons Segelschiff, es aber nur ins Wappen der nahe gelegenen, viel kleineren Stadt Vrhnika schaffte. Bis Vrhnika ging es nämlich mit dem Segel. Hinter Verhnika fängt der Karst an, dort verläuft eine tektonische Scheide, auf der westlich das Wasser in die Adria fließt, östlich aber in Richtung Donau und ins Schwarze Meer. Um nach

Hause zu gelangen, mussten die Argonauten ihr Schiff zerlegen und es bis zum Adriatischen Meer tragen, nach einer anderen Überlieferung fuhren sie unter der Erde, auf karstischen unterirdischen Flüssen, und gelangten so ins Adriatische Meer. Mein Freund, der griechische Dichter Anastasis Vistonitis, der einige Zeit in Slowenien lebte, wollte einmal ein Buch über Jasons Abenteuer in Slowenien schreiben. Er schaute sich die Orte und Flussmündungen an und nickte sie ab. Als Geschichte bleibt die Argonautensage beliebt. Am besten erzählt man sie staunenden nichtswissenden Ankömmlingen bei einem unfiltrierten Union-Bier, das auch den armen Drachen auf der Flasche mitverkauft, so wie unzählige Union-Sportvereine der Hauptstadt. Das Union-Bier wird ja mitten in der Stadt gebraut, mit Wasser aus vier Brunnen, die direkt auf dem Brauhausgelände liegen, wo auch die beliebte Wassermarke Zala abgefüllt wird.

Seitdem in Plastik abgefülltes Trinkwasser teurer ist als Erdöl oder Wein, weiß man auch hierzulande immer mehr zu schätzen, wie sehr man vom lieben Gott und der Natur mit den reichlichen Wasservorkommen im Land beschenkt wurde. Man könnte für Slowenien ruhig den gleichen Werbespruch wie das angrenzende Kärnten gebrauchen: WasserReich. Das Recht jedes Einzelnen auf gutes Trinkwasser wurde ins slowenische Grundrecht aufgenommen, und es ist absolut üblich, dass man auch in besseren Restaurants Leitungswasser bestellt – ohne Korkgeld, umsonst und gut. Umso mehr gilt dies in Ljubljana, dessen Vorgeschichte ja im wasserreichen Moor liegt. Steht man auf der Burg und schaut Richtung Süden am Golovechügel entlang, sind die meisten Bauten und Häuser, die man sieht, kellerlos, auf Holz- oder Betonpfählen gebaut. Innerhalb des Autobahnringes um Ljubljana nahm man dem Moor schon viel Lebensraum. Außerhalb ist das Gebiet geschützt, und die Geschichten von den ersten Menschen, die vor über 5000 Jahren hier auf Pfahlbauten gehaust haben, kommen bei jedem Besuch auf, zusammen mit der gängigen abfälligen Benennung des Hauptstadtbewohners als Morastler oder Sumpfbewohner, *močvirnik*.

Verschiedenste Arten von Feuchtgebieten bilden das dichte Wassernatursystem Sloweniens. Sie reichen von Seen bis zu Mooren mit ausgefallenen, ja sogar einzigartigen Beispielen. Das wohl bekannteste von ihnen ist der Cerknica-See/Cerkniško jezero. Der in der zweiten Hälfte des 17. Jahrhunderts wirkende Polihistoriker und Grafikensammler Janez Vajkard Valvazor (beziehungsweise auf Deutsch Johann Weichard von Valvasor) hat mit einer Abhandlung über die hydrologischen Besonderheiten des wunderlichen Sees, der knappe dreißig Kilometer von Ljubljana entfernt Richtung Küste liegt, die Mitgliedschaft in der Londoner Royal Society erlangt.

Valvasor hat den Cerknica-See jahrelang beobachtet und genau beschrieben, wie dessen Wasser in der Sommerzeit durch verschiedenste Erdlöcher verschwindet. Er hat das sehr raffinierte unterirdische Siphonsystem rekonstruiert, durch das der See mit anderen unterirdischen Seen verbunden ist. Im Sommer wird die ausgetrocknete Seeoberfläche von fast dreißig Quadratkilometern von den Bauern als fruchtbares Ackerland für die Heugewinnung und den Hirseanbau gebraucht. Im Winter wird sie bis heute zu einer idyllischen Seelandschaft mit mehreren kleinen Inseln. Unter anderem beschrieb Valvasor auch den kollektiven Fischfang, der beim Abfließen des Wassers stattfand. Zuerst gab es penible Regeln, welche Bauern für die Beobachtung des Sees zuständig waren, welcher von den Grundherren bei genau welchem Wasserloch als Erster das Fischnetz ausbreiten durfte und wie viel die Bauern, die ganz zum Schluss zum Fischfang zugelassen wurden, für den Fang bezahlen mussten. Valvasor beschreibt, wie zum Fischfang von der nahe gelegenen Kirche geläutet wurde und danach Scharen nackter Männer und Frauen ohne jedes Schamgefühl das Moorgebiet stürmten, um sich die Fischreste zu sichern. Die armen Kartäuser, die Teile der Fischfangrechte innehatten, konnten den festen Brauch der lokalen Einwohner nicht brechen. Man liebte es einfach, mit nichts außer einem Fangsack nach Fischen oder auch nach anderen Sachen im Sumpf und in den Karstlöchern zu wühlen.

Heutzutage ist der See von Cerknica ein Natura-2000-Schutzgebiet. Wie viele andere Gebiete in Slowenien ist es ein Paradies für Vögel und ihre Beobachter. Über 270 Vogelarten hat man hier gesichtet, mehr als hundert nisten hier, unter ihnen auch viele bedrohte Arten wie *kozica* (Bekassine), *rjavovrati ponirek* (Rothaustaucher), *kostanjevka* (Moorente), *raca žličarica* (Löffelente), *rdečenogi martinec* (Rotschenkel) und *veliki škurh* (Großer Brachvogel). Einige andere Muss-Orte für Birdwatcher in Slowenien sind der künstliche Ptujer Stausee, auf dem eigens Brutinseln errichtet wurden, die der Vogelschutzverband DOBBS intakt hält und auf denen viele Wasservögel überwintern. Des Weiteren gibt es die Mur-Überschwemmungsgebiete in Ostslowenien oder das Naturreservat Škocjanski zatok an der Küste bei Koper.

Eine ganz besondere Form von Feuchtgebieten, die auch Vogelparadiese sind, bieten die Salinenfelder von Sečovlje an der Grenze zwischen Slowenien und Kroatien in der Piraner Bucht. Das schön eingerichtete Museum über die 700 Jahre alte Tradition der Salzgewinnung liegt schon vor dem slowenischen Grenzkontrollpunkt. Will man aber wirklich frei auf den teilweise halb verwilderten Salinenfeldern herumschlendern, sollte man am besten die slowenischen Grenzposten passieren und noch vor dem kroatischen Grenzkontrollpunkt auf einen schmalen Weg nach rechts abbiegen. Vor zwanzig Jahren wurden die verlassenen Salinenfelder wieder in Bewirtschaftung genommen. Man kann selbst eines bebauen und als Salinero, als Salzwerker, das Salz mähend den Sommer verbringen. Oder man kauft sich glücklich mit ein paar Hundert Gramm Fleur de Sel, Salzblume, der obersten Schicht aus Salzkristallen, die auf den Salzfeldern nur bei absolutem Windstillstand kristallisieren und besonders aromatisch sind. Oder man schmiert sich mit dem Salz und seinen Sedimenten im Salinenspa ein, legt sich zum Trocknen in die Sonne und fühlt so nach, wie sich ein in Salzkruste bratender Seebarsch wohl fühlen mag.

Thermalbäder sind hierzulande sehr beliebt, und die Mehrheit der zwanzig größten liegt im Südosten des Landes. Hier ist fast alles geboten, vom abgewetzten sozialistischen Linoleum bis hin zu exklusiven Angeboten, wo man beim Sprudeln im Privatthermalwasserbecken ein Fünf-Gänge-Menü von Angestellten in römischen Togas serviert bekommt. Thermalkomplexe wie Rimske toplice, Terme 3000 oder Terme Olimja bieten ein erweitertes Spektrum, das von Golfplätzen bis zu Rehabilitationsprogrammen, vom Bierbaden bis hin zur Kneippkur reicht.

Da in den letzten Jahren überall im Land intensiv neue Hotels gebaut wurden, wuchs dementsprechend auch die Palette an Saunas, Pools, Massagen und dem üblichen Bäderwahnsinn. Auch die Sitten haben sich verändert, Sauna- und Badekultur sind gang und gäbe. Wo sind die Zeiten geblieben, als im privaten Saunazentrum Fanči in Ljubljana die von allen Gästen gefürchtete Inhaberin auch noch im fortgeschrittenen Alter und in schwarzer Bekleidung wie eine sizilianische Oma in die Sauna kam, um zu überprüfen, ob wirklich alle sauber auf ihren Handtüchern saßen und die Plastikpantoffeln draußen gelassen hatten! Als Dankeschön bekam man sofort einen Schnaps in der Sauna serviert. Und wehe, wenn man sich wehrte! Dann wurde man augenblicklich als schwarzes Schaf identifiziert und dementsprechend behandelt. Heutzutage wird das Fanči von der Tochter der ehrenwerten Dame geführt, und man erfährt da die Ruhe und gehobene Behandlung wie in vielen Spas und Kurbädern des Landes – auch ohne thermales Wasser.

Slowenien ist zwar nicht Island, Geysire gibt es keine, warmes Wasser quillt aber gerne und oft aus dem Boden, deshalb lohnt es sich immer, nachzufragen und Übernachtungen an den weniger beworbenen, kleineren warmen Quellen zu suchen. Oft ist es nur ein privater Pool, den man bei einer Übernachtungsbuchung mitbenutzen kann.

Neben dem Thermalwasser gibt es einige Mineralwasserquellen. Zwei davon sind weltberühmt. Radenska, mit dem feschen Wahrzeichen der drei Herzen, von denen die meisten, die das Wasser gerne trinken, nicht wissen, dass sie die alte Brüderschaft der Serben, Slowenen und Kroaten beteuern. Die Brüder haben sich oft zerstritten, sie haben Kriege gegeneinander geführt, konnten aber am Ende nicht ohne die anderen. Das zweite, noch speziellere Mineralwasser ist Donat Mg aus Rogaška Slatina. Donat ist angeblich das Wasser mit dem höchsten Magnesiumgehalt der Welt, in Russland wird es mancherorts in kleinen Fläschchen in Apotheken als Heilmittel verkauft, und die Slowenen schwören darauf bei allen nur erdenklichen Magenbeschwerden (vor allem nach ausschweifenden Feiertagsfressgelagen).

Zunehmend rückt auch ein wissenschaftlich nicht immer belegter Wellbeing-Aspekt des Wassers in den Vordergrund der Interessen und des Marktes. Bioenergetiker schwören auf besonders »angereicherte« Wasserflaschen; teure, mit Kristallen versehene Wassergläser und Behälter wurden dafür entwickelt. Auf der anderen Seite gibt es zunehmend einen Tourismus dafür, der sein Reiseinteresse auf sogenannte Heilgewässer, Heilbrunnen, Heilquellen richtet. Sei es das angeblich »männliche« Wasser an der Quelle des Rečica-Flusses, dem man eine heilende Wirkung der Nieren und Wunderheilungen männlicher Impotenz nachsagt, oder ganz schlicht das Grofova voda, das Wasser des Landgrafen in der Nähe von Tolmin, von dem der erfahrene Radiästhesist Jože Munih meint, es sei schlicht das energetisch reichste Wasser der Welt. Je tiefer man in diese Wasserthemen vorstößt, umso mehr bekommt man den Eindruck, dass Wasser das größte Dopingmittel und die universellste Arznei überhaupt ist, sei es aus dem Wasserhahn, im Taufbecken oder in einem der größeren Flüsse Sloweniens: der Mur, der Drau, der Save, der Soča, der Krka, der Kolpa.

Es gibt slowenische Spitzensegler und Spitzenruderer. Kajakfahren ist ganz groß wegen des Isonzo-Flusses, wo Weltmeisterschaften veranstaltet werden. Auch Schwimmer gibt es, sogar solche mit Goldmedaillen und Rekorden bei Weltmeisterschaften und Olympia. All die Namen der herumplätschernden Spitzensportler aufzuzählen wäre zu viel des Guten. Einen Sportler – oder besser gesagt, ein Wasserwesen besonderer Art – muss ich aber herausheben, Martin Strel. Er schwimmt – und trinkt ausschließlich sauren Cviček-Wein aus der Dolenjska-Region, aus der er stammt. Ohne Cviček wird nicht geschwommen. Cviček ist für dieses Wassergeschöpf Grundnahrungsmittel, sein Doping, sein Blutverdünner. Er hat sogar eine eigene Cviček-Marke entwickelt, Big River Man Wine. Strel war bis vor Kurzem noch aktiv. Sein Spezialgebiet: Ultramarathonschwimmen. Mit 46 Jahren durchschwamm er die Donau auf ihrer kompletten Länge (2860 Kilometer), zwei Jahre später den Mississippi (3885 Kilometer), mit fünfzig hat er in vierzig Tagen den Jangtse durchschwommen (4003 Kilometer) und mit 53 Jahren den gesamten Amazonas, 5268 Kilometer in sechzig Tagen, teilweise in einem Käfig, um vor den Alligatoren und Kaimanen sicher zu sein. Und beim Schwimmen immer Cviček trinkend. In den letzten Jahren hat sich Strel für die Erhaltung der Regenwälder des Amazonasgebietes eingesetzt und verstand seine Rolle immer mehr als die eines internationalen Botschafters für das ökologische Gleichgewicht in der Welt.

Gerade in der Zeit, zu der dieser Text entsteht, flammt in Slowenien wieder einmal die Debatte über geplante Wasserwerke am größten Fluss des Landes, der Sava, auf. Umweltschützer wollen den Bau verhindern, zugleich will und muss das Land weg von den schmutzigen Kohlekraftwerken. Einmal mehr wird uns allen bewusst, wie einzigartig, wichtig und fragil das Wassersystem ist. Man könnte ganze Bücher über die Tier- und Pflanzenwelt der Gewässer, insbesondere der Flüsse und Seen, schreiben. Über die historische Bedeutung des Isonzo, über die Rolle des Kolpa, der zugleich ein wunderbarer Bade- und Grenzfluss ist, über das Mäandrieren der Mur im Dreiländereck Slowenien-Kroatien-Ungarn, wo es aufgrund ihres Überschwemmungscharakters nicht möglich ist, eine genaue Grenze zu ziehen, der Fluss verbietet es. Ich aber schließe mit einer Gedichtzeile von Jure Detela, einem Dichter und Pionier der slowenischen Ökologiebewegung, der schrieb: »Papa, wieso schlafen die Bäche nachts nie?«

Der Karst

Kras, der Karst. Hart und klaffend wie das Wort selbst, ein aufbrechender Stein, ein Windschlag, ein Schrei. Sein Name wurde zum Namen aller Karstgebiete auf der Erde, die Karstologie erforscht die Wunder und Wunden der Erde zwischen Vipava und Istrien. Die Wissenschaft sagt, dass die Karsterde, die »jerovica« beziehungsweise »terra rossa« genannt wird, rot wegen ihres Eisengehalts ist. Wir wissen es aber besser: Es ist das Blut, das im Ringen zwischen Wasser und Stein in die Erde floss. Die Wissenschaft führt die Entstehung der Dolinen, der Karsttrichter, und der Uvalen, der Bergsteinhöhlen, auf die Erosion des Kalziumkarbonats im Kalkgestein zurück, wir wissen es aber ganz genau: Es ist die tragische Liebe des Wassers zum Stein, des Steins zum Wasser, die diese Welt zu zwei Welten gemacht hat, die Welt, auf der die Menschen leben, und die Unterwelt, in die sie nur ab und zu hinabzusteigen wagen, um sich ihrer eigenen Fragilität zu versichern, und auch, um nach Wundern und Geheimnissen zu suchen. Am Karst steigt großes Gestein nachmittags heimlich zum Himmel auf und hängt dann da wie weiche Schaumwolken. Im Karst fließen die Flüsse verborgen unter der Erdoberfläche, ganz im Inneren des Gesteins, und wenn sie ab und zu hinausquellen, um das strenge Karstlicht zu erblicken und schäumend Atem zu holen, werden sie sofort mit einem neuen Namen bedacht. Der gleiche Fluss kann fünf oder sogar sieben Namen tragen, er versiegt und taucht unerwartet ein paar Kilometer weiter wieder aus dem Boden auf, um danach aufs Neue in seine geliebte chthonische Unterwelt zu versiegen.

Nicht allzu weit weg gibt es in der Adria ein Archipel, einen Mikrokosmos von kleinen und größeren Inseln, den Kornati. Auf dem Karst ist diese Welt auf den Kopf gestellt, das Wasser des nahen Meeres ist hier Gestein, die Inseln sind Räume innerhalb der Erde, ein Archipel aus unterirdischen Höhlen, Gängen, Flussbetten, Abgründen, Schluchten. Die Zeit tropft hier in die Ewigkeit. In der Dunkelheit bilden sich die prächtigsten Barockbauten aus Stille, unterirdische, gotische Tropfsteinkathedralen und Tempel aus feuchter, kühler Luft, die direkt aus dem Styx herbeiweht, uns an unsere Vergänglichkeit erinnert. Ein Vanitas-Bild, ein Nachhall unseres geistigen Lebens und unserer versteckten Gedanken, der hier auf einmal verhundertfacht hörbar wird. Der Karst als der gespaltene und doch zugleich auch kompletteste Mensch: Die Oberwelt wird von der Bora gepeitscht und von der Sonne verbrannt, sie ist der Körper – und die Unterwelt ist unsere unergründliche Seele.

»Mein Karst ist hart und gut. Jeder Grashalm hat den Felsen gespalten, um hervorzusprießen, jede seiner Blumen hat die Glut getrunken, um sich zu öffnen. Deshalb ist seine Milch gesund und sein Honig voller Duft«, schreibt der Triester Dichter Scipio Slataper. Und der aus Tomaj im Karst stammende Srečko Kosovel erwidert ihm: »Vrhovi kostanjev šumijo,/drevje z drevesi se pogovarja/in pred samoto, ki te očara, ko se uzreš v sobani duše,/preko vrhov še zadnji zvoki/sveta drsijo preko polja.« – »Das Rauschen der Kastanienkronen/Bäume sprechen mit dem Baum/und vor der Einsamkeit, die dich ergreift/wenn du dich selbst erblickst im Saal deiner Seele,/über den Kronen, ziehen die letzten Geräusche der Welt,/über die Felder.« Und dazu bemerkt Josip Osti, der aus Sarajevo in Kosovels ehemaliges Landgut Tomaj geflohene bosnisch-slowenische Dichter, der Kosovel wunderbar ins Bosnische übertragen hat: »Danes je nebo/sivo, jaz pa sem prepoln/kraške jasnine.« – »Grau bedeckt ist heute/der Himmel, ich aber bin voll/der Klarheit des Karsts.«

Jahrhundertealte Eichenwälder wurden gefällt, nachdem der Serenissima, der venezianischen Republik, ihr Holz ausging und sie von oberhalb Istriens, von wo sie schon den Stein für ihre Prachtbauten geholt hatte, nun auch die Stämme und Pfähle heranflößte, auf denen die Häuser gebaut wurden. Wir laufen heute durch die traumhaft schönen Gassen von Venedig und denken nicht daran, dass wir in Wirklichkeit auf dem Wurzelwerk der Eichenwälder aus dem Karst umherirren, dass das Wasserzeichen von Joseph Brodsky nicht denkbar wäre ohne diese Umkehrung des Waldes, der einmal den Himmel über dem Karst stützte. Nun ist der Karstwald zum Pfahllabyrinth geworden, das die Paläste in der Lagune von Venedig stützt. Die Bora, der eisige Küstenwind, der in den Wintermonaten die Temperatur um gefühlt zehn Grad senkt, erledigte den Rest. Der einsetzende Erosionsprozess stellte die Überlebensfrage für die Karstbewohner. Sie mussten um jede Handvoll fruchtbarer Erde kämpfen, und in den trichterartigen Uvalas wurden die Karstfelder mit Steinwänden gegen den Wind verteidigt.

Vor gut hundert Jahren setzte die Wiederbeforstung des Karsts ein, diesmal mit Kiefern. Die Wälder, die man heutzutage beim Wandern im Karstgebiet sieht, sind meistens herrlich duftende Jünglinge, gekrümmt vom Wind, aber standhaft, wie die Bewohner des Karsts. Der Schriftsteller Stendhal, der 1831 als französischer Konsul in Triest arbeitete, beschreibt die Kraft der Bora dermaßen: »Zweimal wöchentlich bläst die Bora, an anderen Tagen sind es starke Winde. Starker Wind sage ich dann, wenn ich meinen Hut festhalten muss, Bora sage ich, wenn ich Gefahr laufe, dass mein Arm gebrochen wird.«

Die Bora ist die Herrin des Karsts. Sie hat die Erde geprägt, die Bäume gebogen und die Reben bucklig und standhaft geformt. Spricht man vom Karst, kann man nicht umhin, von Karster Wein, dem aus der Refošk-Rebe gewonnenen, zweimal gegärten sauer-wonnigen Teran zu sprechen. Er ist so rot wie die Karsterde, so herb wie die Karstbewohner, so sauer wie der Karstwinter, so geheimnisvoll wie die Karstnacht und genauso betäubend. Man sollte eher mit dem Wein malen, sich mit dem Wein waschen und sich von ihm befleckt unter den Sternenhimmel legen, als ihn zu trinken. Traditionellerweise werden die Rebstöcke nicht zwischen Betonpfeilern aufgespannt, sondern sie klettern an Holzgestellen hoch, die leicht geneigt sind. Teran gibt es auch in Istrien und Mazedonien und anderswo, aber nur hier, auf den paar Quadratkilometern Karst, schmeckt er nach Bora und Eisen, ist er dick wie Öl, er fließt nicht den Hals hinunter, er sickert langsam ein ins Innere, in den Körper, wie die Geschichte, wie die Zeit.

Die Bora ist auch die Herrin der Karst-Architektur, sie hat die Leute dazu gebracht, sich zusammenzutun, ihre

Häuser dicht Wand an Wand zu bauen, mit nach innen gekehrten Gehöften, die verschlossen vor der Außenwelt ein Mikrouniversum bilden, mit von Reben überschatteten Außengängen in den Innenhöfen, mit Weinkellern und wunderbaren, jahrhundertealten Maulbeerbäumen als Schattenspender vor den Haustoren. War der Karst noch vor einigen Jahrzehnten ein Gebiet, aus dem junge Menschen wegzogen, wird er heute immer begehrter, der Tourismus ist im Aufschwung, und an jeder Ecke gibt es eine Pension, ein fantastisches Restaurant, eine Weinschenke oder eine kleine Käserei und *Pršutarna* zu entdecken, wo man den besten luftgetrockneten Prosciutto des Universums herstellt.

Wenn man mit dem Österreich-Ungarn-Baedeker von 1910 reist, gibt es zwischen Ljubljana und Triest nichts, aber auch gar nichts – mit drei Ausnahmen. Eine davon ist eine der drei ehemals wichtigsten Quecksilberminen Europas in Idrija, die 2017 nach über 500 Jahren Betrieb endgültig geschlossen wurde. Das Quecksilber war jahrhundertelang der Tod für die Minenarbeiter, doch wichtig als Medizin für die Alchemisten und schlichtweg unverzichtbar in der Chemie und Industrie. Mit dem Quecksilber aus Idrija hat man Silber aus Perus und Brasiliens Flüssen gewonnen, der Habsburger Hof hat mit dem wertvollen Element Diplomatie betrieben. Idrija, ein Städtchen im Kessel eingezwängt zwischen hohen Bergen und direkt über den 700 Tunnel-Kilometern des Bergwerks liegend, wuchs und senkte sich zugleich von Jahr zu Jahr. Wenn man aus dem Städtchen nach oben blickt, sieht man steile, waldbewachsene Hänge, eine Kirche, die dem heiligen Anton aus Padua, dem Beschützer der Bergleute, gewidmet ist, einen eindrucksvollen Passionsweg, die zum Museum umfunktionierte Burg sowie ein psychiatrisches Klinikum, die als

Paten über der Stadt stehen, in der in den Dreißigerjahren Pier Paolo Pasolini einen Teil seiner Kindheit verbrachte. Heutzutage kann man sich noch immer Teile der unter UNESCO-Schutz stehenden Bergbaustollen sowie die imposante Schmelzerei und vieles mehr ansehen.

Die anderen zwei Ausnahmen, die der Reiseführer von 1910 für erwähnungswürdig hielt, finden sich beide in der Grottenwelt des Karsts. Der Baedeker beschreibt die Grotte von Postojna als Weltwunder. Heutzutage gehört der Höhlenkomplex, von dem fünf Kilometer für Besucher geöffnet sind, zu den beliebtesten seiner Art weltweit. Eine Schmalspurbahn wurde schon vor dem Zweiten Weltkrieg installiert, um die An- und Abfahrt bis in die beeindruckenden Höhlen zu vereinfachen und die Einfahrt zwischen die Stalaktiten dramatischer zu gestalten. Der Hauptteil des Weges wird jedoch nach wie vor zu Fuß absolviert. Der Fußweg führt zwischen die Pracht der Stalagmiten und Stalaktiten in verschiedensten Formierungen, von spaghettiartigen Formationen an den Decken bis hin zum Antlitz der Heiligen Jungfrau. Dass die Grotten aber nicht nur für ungebrochene Bewunderung und Jahrhunderte von Erkundungsdrang stehen, wird allzu oft vergessen. Man muss der Nacht vom 22. auf den 23. April 1944 gedenken. Die deutsche Wehrmacht hatte in der Eingangshöhle von Postojna ein strategisch wichtiges Kerosinlager errichtet und streng bewacht. Achtzehn Partisanen hatten sich durch ein in die Karten nicht eingetragenes Tunnelsystem geschlichen und das Lager gesprengt. Der Brand dauerte ganze sieben Tage. Die verheerenden Folgen kann man noch heute bei der Einfahrt in die Grotte beobachten.

Der Literaturhistoriker und ehemalige Kultusminister Sloweniens, Matjaž Kmecl, beschrieb den Unterschied zwischen den Grotten von Postojna und Škocjan wie den

Unterschied zwischen Barock und Gotik. Persönlich mag ich die Grotte von Škocjan lieber, weil sie geheimnisvoller ist, weniger stark frequentiert, und vor allem, weil man am tiefsten Punkt durch den wohl weltweit größten unterirdischen Canyon läuft, durch den der Fluss Reka in die Dunkelheit der Erde rauscht, weshalb die Grotte es auch auf die UNESCO-Kulturerbe-Liste geschafft hat.

Der Philosoph Mladen Dolar, der neben Slavoj Žižek international wohl bekannteste Vertreter der sogenannten slowenischen Lacan-Schule, liebt es, eine Anekdote über die Höhle von Škocjan zu erzählen. Zu Neujahr 1899 machte sich Sigmund Freud auf eine Besichtigungstour der Höhlenwelt, die damals noch nicht durchgängig erschlossen war. Man stieg ab und kehrte auf dem gleichen Weg wieder zurück, alles bei dramatisch flackerndem Karbidlampenlicht. Freud wurde von einem slowenischen Bauern geführt, der leicht angetrunken schlimme Vergleiche zwischen der Grotte und einer Frau anstellte, sodass Freud äußerst wenig amüsiert darüber schrieb, dass es schlimmer gewesen sei, diesem Führer zuzuhören, als es Dante bei seinem Abstieg in die Hölle gegangen sein müsse. Am tiefsten Punkt, im Canyon, war noch ein Besucher. Freud schaute ihn an und erkannte Dr. Karl Lueger, den antisemitischen Wiener Bürgermeister, nach dem noch bis vor zehn Jahren die Ringstraße um den 1. Wiener Bezirk benannt war. So kam in der Tiefe der Höhle von Škocjan alles zusammen, Dantes Inferno und das unerwartete Aufeinandertreffen zweier Geister, die für das tragische 20. Jahrhundert und seinen Horror stehen, eine Zukunftsahnung, bei der ein angetrunkener slowenischer Vergil ahnungslos die Fackel hielt.

Eigentlich ist es ungerecht, dass man immer die zwei bekanntesten Höhlen Sloweniens hervorhebt. In ganz Slowenien wurden bislang mehr als 10 000 größere oder kleinere

Höhlen entdeckt, über dreißig sind für Besucher erschlossen und öffentlich zugänglich, die meisten davon im Karst. Die erste touristisch erschlossene Höhle war aufgrund der Nähe zu Triest und des relativ leichten Zugangs die Höhle Vilenica, in der noch immer jeden September ein länderübergreifendes Literaturtreffen stattfindet, bei dem ein internationaler Literaturpreis vergeben wird. Es stimmt allerdings, dass die Höhlen von Škocjan und Postojna in vielerlei Hinsicht Pionierhöhlen waren, denn dort steht die Wiege der wissenschaftlichen Speläologie und vor allem auch der Speläobiologie, der Lehre von denjenigen Lebewesen, die sich die unterirdischen Reiche als Lebensraum ausgewählt haben. Bis ins 19. Jahrhundert hinein waren die Menschen davon überzeugt, dass es unter der Erdkruste kaum Leben gibt. Dann kam es aber ab dem 18. Jahrhundert zur Entdeckung zahlreicher Tierarten, in dem Grottensystem von Postojna sind es über 150.

Als Erster wurde der Grottenolm, *proteus anguinus*, im Slowenischen übersetzt »Menschenfischlein« genannt, klassifiziert. Man hatte ihn anfangs für ein Drachenjunges gehalten, da man ihn häufig vor den Höhleneingängen angeschwemmt auffand. Der in Idrija wirkende Arzt und Naturwissenschaftler Giovanni Antonio Scopoli erwähnte den Olm als Erster in einem Brief von 1762 an Carl Linnaeus. 250 Jahre später beschreibt der deutsche Dichter Jan Wagner den Grottenolm treffend: »In einem Reich ohne Licht/und ohne Farben, ohne Wind/sitzt der Olm, der keine Feinde/außer der Sonne hat, zarter als die Arbeit/von Glasbläsern ist, kaum schwerer als ein Brief/und leichter als ein Schluck Wasser./Weiß er nichts von unserer Welt/oder weiß er alles?«

Zwei Tiere der Karster Oberwelt darf man an dieser Stelle nicht vergessen. Der Karst-Schäferhund gilt als die einzige Hunderasse aus Slowenien. Ein sanftmütiger, langhaariger, treuer Hirten- und Familienhund mit melancholischem Blick. Das zweite Tier ist auch ein vierbeiniges, aber eines von Weltruhm. Die Geschichte des Lipizzanergestüts ist aufs Engste mit dem Ort Lipica, mit der Wiener Spanischen Hofreitschule und mit den Wirren der Weltgeschichte verbunden. Sie liest sich wie ein historischer Kriminalroman. Mehrmals hat man die Tiere wegen Kriegshandlungen und neuer politischer Verhältnisse transportiert und versteckt; das Gestüt war seit Napoleons Zeiten immer wieder begehrtes Objekt von Diplomaten, Gegenstand von Friedensabkommen, willkommene Siegestrophäe. Die Aktion der spektakulären amerikanischen Zurückführung der Lipizzaner aus der sowjetischen Besatzungszone wurde in der angespannten Atmosphäre des Kalten Krieges in Walt Disneys Zeichentrickfilm *Flucht der weißen Hengste* (Originaltitel: *Miracle of the White Stallions*) verewigt.

Noch vor Jahren waren Lipica, das Lipizzanergestüt und die Frage, wer in der EU den Namen für die Lipizzaner tragen darf, ein großes Politikum. Es endete mit einem Kompromiss, und so rühmen sich die Österreicher mit den Lipizzanern der Hofreitschule und mit dem Lipizzanergestüt in Pieber, die Italiener mit den Lipizzanern aus Monterotondi bei Rom, die Kroaten mit den Lipizzanern aus dem Gestüt Đakovo, weiter werden sie in Ungarn, der Slowakei, Serbien und weiß der liebe Gott, wo sonst noch überall, gezüchtet. Und unter Politikern wird heftigst weiter über den Gebrauch der Benennung »Lipizzaner« gestritten. So weit, so gut. Es muss aber einen Grund geben, warum trotz all der Wirren der Zeit die Habsburger und die nachfolgenden Herrscher immer wieder versuchten, die Stallungen bei Lipica weiter auf- und auszubauen, um sich den Traum der weißen und schwarzen Pferde, die im

Freien das kristalline Gras vom Karst abgrasen, zu verwirklichen. Heute findet man die Stallungen um die Galerie des dort lange Jahre arbeitenden Avantgardekünstlers August Černigoj, der am Bauhaus in Weimar studierte, erweitert, um einen Golfplatz sowie um zwei Hotels mit Wellnessbereich und Casino.

Andere haben heilige Kühe und Drachen verehrt,
tausendjährige Schildkröten und geflügelte Löwen,
Einhörner, doppelköpfige Adler und Phönixe,
wir aber haben uns das schönste Tier erwählt,
es hat sich ausgezeichnet auf Schlachtfeldern und in Zirkuszelten,
es hat Königstöchter gezogen und die goldene Monstranz,
deshalb sprachen die Kaiser in Wien
Französisch mit den gewandten Diplomaten,
Italienisch mit den hübschen Schauspielerinnen,
Spanisch mit den ungebildeten Knechten,
mit den Pferden aber redeten sie Slowenisch.

(Aus dem Gedicht *Die Lipizzaner* von Edvard Kocbek,
übersetzt von Klaus Detlef Olof)

Die Tiefebene

Für die einen wirkt er befreiend: der kristallblaue Himmel, der in der Ferne den Horizont umarmt. Für die anderen erdrückend: nirgends ein Orientierungspunkt, die leicht schwebende Gefangenheit im Monotonen und nirgendwo ein Ausweg. Sie ist auf jeden Fall sehr eigen, diese pannonische Erfahrung. Man läuft ja auf dem Grund des gleichnamigen Meeres, das man noch immer, trotz seiner Abwesenheit, spüren kann. Und diese Perspektive ohne Perspektive, das anwesend-abwesende Meer und die damit verbundene Melancholie, die sich in einen schwindenden, immer weniger realen Horizont hineinschleicht, eine Langsamkeit, man könnte sogar sagen, eine den Naturkräften träge Ergebenheit, die einsetzt, das Echo eines toleranten Protestantismus der Lutheraner, die sich in Slowenien nur hier gegen die militante Gegenreformation zu halten vermochten. Unter den vielen Fliehenden war für mehrere Monate auch Johannes Kepler. All das und vieles mehr hat einen sehr eigenen Menschenschlag hervorgebracht, die *Prekmurci*, die Menschen aus Prekmurje, die Menschen vom anderen Ufer des Flusses Mura.

Seit über tausend Jahren ist es der Fluss, die Mur, die hier teilt, verbindet, definiert. Fast 600 Jahre lang verlief durch diesen Fluss die Grenze zwischen Österreich und Ungarn. Der fruchtbare Zipfel der Pannonischen Tiefebene, die hier anfängt, oder endet, und sich östlich bis zum Ural zieht, lag auf ungarischer Seite der austro-ungarischen Monarchie – mit überwiegend slowenischen Bewohnern. Es war und bleibt ein Raum, wo sich die zwei Sprachen, das Slowenische und das Ungarische, und zwei Kulturräume mischen. Über tausend slowenische Wörter haben sich ins Ungarische geschlichen, das Gleiche gilt umgekehrt freilich auch. Obwohl man in Prekmurje alles doppelt zählen sollte – wenigstens was Sprachen anbelangt. Wenn man einen richtigen Prekmurjer fragt, dann ist der Dialekt aus Prekmurje eine eigene Schriftsprache. Man ist stolz auf das Mundartschrifttum, das protestantische Autoren am Anfang des 18. Jahrhunderts zeigen. Man erwähnt ebenso stolz das Faktum, dass man im Zuge der Gegenreformation in Prekmurje im Vergleich zum restlichen Slowenien viel toleranter war und immer wieder Glaubensflüchtlinge aufnahm, auch dass jüdische Gemeinden bis zum Zweiten Weltkrieg in Murska Sobota und in Lendava gesellschaftsbildend waren. Vor allem wird man sich aber auf das Bestehen der unabhängigen Murska republika, der Mur-Republik, beziehen, die von Vilmoš Tkalec in den Nachwirren des Ersten Weltkriegs, genauer gesagt am 29. Mai 1919 um 11:30 Uhr, vom Balkon des Hotels Dobray in Murska Sobota ausgerufen wurde. Das Gebilde hielt ganze acht Tage, bis die ungarische Rotarmeefraktion die Republik auflöste. Nach dem Vertrag von Trianon wurde Prekmurje dem Königreich der Serben, Kroaten und Slowenen zugesprochen, und damit kam auch die fruchtbare Pannonische Tiefebene zu Slowenien.

Der Nordosten von Prekmurje, Goričko, ist Hügellandschaft. Es ist ein Naturpark, der sich über die Grenze nach Österreich (Naturpark Raab) und Ungarn (Örség) erstreckt. Kleine Dörfer und Felder, Jagdgebiete und Wald. Dies ist eine der touristisch am wenigsten erkundeten Ecken des Landes, ein magisch entleerter Raum, der auf seinen Geschichten schläft. Die Leute aus Goričko, sie möchten gehört werden, aber die wenigsten werden gehört. Sie möchten reich werden, sie gehen ins Ausland und kehren doch wieder, oft gebrochen und mit etwas Geld, um dann festzustellen, dass es in Goričko doch am schönsten, am ruhigsten ist und dass das Einzige, was man ja will, ist, mit jemandem zu sprechen, der sich Zeit nimmt und zuhört. Viel Zeit. Das ist die Währung und der Traum von Goričko, so viel an Zeit, wie es rundherum in den sanft gezogenen Hügeln und Wäldern gibt. Ein Traum für Radfahrer und für die, die nichts brauchen, vieles sehen und für ihre Offenheit dann reichlich belohnt werden.

Im Süden von Goričko fängt schließlich die flache Ebene an. Bald verliert man die letzten Hügel aus dem Blick, die kleinen Weinberge und einfach bestellten Hütten der Lendavske Gorice. Der ehemalige Bürgermeister Anton Balažek hatte den Traum, Lendava wieder zu ehemaligem Ruhm zu verhelfen, und errichtete trotz heftiger Kritik einen Aussichtsturm, das sogenannte Vinarium, auf den letzten Hügelkuppen der Weinberge von Lendava, Lendavske Gorice. Vom Vinarium-Turm aus kann man die Aussicht in gleich vier Länder mitten in Europa genießen. Der Turm, über den man zuvor gespottet hatte, wurde nach der Einweihung zu einem großen Erfolg. Er lockte sehr viele Besucher an und wurde über Nacht zum Modell für andere Bürgermeister, die mit ähnlich ausgefallenen Projekten Aufsehen erregen wollten. So baut man Türme und Aussichtsobjekte vielerorts im Land, andere Bürgermeister versuchen eher, auf dem Boden der Tatsachen zu bleiben, zum Beispiel mit der Errichtung von Biertrinkfontänen und Ähnlichem.

Lendava ist eine zweisprachige Stadt, in der neben Slowenen und Ungarn auch Kroaten und Roma leben. Wichtig ist die jüdische Vergangenheit der Region, die vor allem in Murska Sobota, Beltinci und eben in Lendava stark präsent war. Die Synagoge von Lendava steht für das tragische Schicksal der rund 600-köpfigen jüdischen Bevölkerung von Prekmurje, die im Frühjahr 1944 ins Konzentrationslager Auschwitz-Birkenau gebracht und ermordet wurde. Nur die wenigsten überlebten und wurden nach ihrer Rückkehr oft scheel angesehen, die meisten verließen ihre Heimat. Die Synagoge in Murska Sobota wurde abgetragen und aus ihren Ziegeln ein Wohnblock errichtet, der durch die zeitgenössische slowenische Literatur geistert. Zusammen mit dem noch erhaltenen jüdischen Friedhof wurde die Synagoge von Lendava vor Jahrzehnten in ein Kulturzentrum und Holocaustmahnmal umgewandelt.

Unweit von Lendava befindet sich auch eine Roma-Siedlung. Die Roma und Sinti stellen einen wichtigen Teil der Bevölkerung von Prekmurje, ihre Lage ist nicht leicht, doch meist viel besser geregelt, und die Gruppen sind viel besser integriert als die Roma aus der Dolenjska-Region. In der Vorstadt von Murska Sobota, in der Tiefebene gelegen, findet man die Roma-Siedlung Pušča. Einmal war ich zu Gast bei dem Roma-König der Siedlung, die aus circa 600 Angehörigen besteht. Er fuhr uns in die Garage, wo er ein kleines Roma-Museum eingerichtet hatte. Er war sehr stolz auf den Kindergarten, darauf, dass die Kinder ganz normal in die Schule gingen, und auf den lokalen Fußball. Es war das Vorzeigebild eines Roma-Dorfes, andernorts ist es oft weniger romantisch.

Aus Lendava stammen mehrere renommierte Künstler, zum Beispiel der ungarische Bildhauer György Zala, der monumentale Skulpturen für den Heldenplatz in Budapest schuf. Dann gibt es noch den Grafiker Štefan Galič, der mit seinen Holzschnitten und Schmetterlingsdrucken international, insbesondere in Japan, für Furore gesorgt hat. Sein Werk kann man im Museum in der Burg von Lendava besichtigen, passend ausgestellt mit seiner umfangreichen, über 4000 Exemplare zählenden Schmetterlingssammlung. Schaut man sich die Grafiken von Galič an, vor allem die fossilartigen Drucke, dann versteht man diese Ebene, wo heiße Thermalquellen, Gas- und Erdölvorkommen in der Tiefe schlafen, auch Sedimente der frühmenschlichen Siedlungsgeschichte. Viele denken, die Bewohner von Prekmurje seien störrisch, andere denken, sie stünden dem Gemüt der frühesten slawischen Siedler am nächsten. Es ist eine unbeugsame Treue und Melancholie in der Landschaft, die sich in den Menschen widerspiegelt, eine Offenheit, die fast musikalisch anmutet. Und wenn ein Film in Prekmurjedialekt mit slowenischen Untertiteln läuft und der beliebteste Musiker aus Prekmurje, Vlado Kreslin, von den Störchen singt, mit denen er die Nacht »unter hängenden Nebeln« verbracht hat, oder wenn sein Vater mit 93 Jahren zusammen mit der Ethno-Band Beltinška Banda *Predmoskovski Večeri (Moskauer Nächte)* auf Slowenisch so atemberaubend und von den letzten Dingen beseelt singt, wie es sonst nur noch der bejahrte Johnny Cash konnte, dann weiß man auf einmal nicht mehr, welches Jahrhundert um einen ist, wer das Palinkaglas geleert hat und was es auf der anderen Seite der Ebene, wo die Welt wohl enden mag, mit der flach liegenden, sedimentreichen, standhaften Seele des Menschen auf sich haben mag.

Wenn Slowenien auf der Landkarte wie ein Küken aussieht, ist die Pannonische Ebene sein Schnabel. Wie kann man so was sagen, regte sich einmal der Avantgardekünstler Marko Pogačnik auf, der im Namen der UNESCO als Künstler für den Frieden global unterwegs ist, dabei Räume mit Steininstallationen heilt und über die Sprache der Gaia, der Erde, forscht. Nach Markos Vorstellung ist die Schnabelspitze des Kükens, genannt Muriša, als Energiefläche und als Biotop etwas ganz Besonderes. Im Dreiländereck Slowenien-Ungarn-Kroatien gelegen, hat die Mura hin und her mäandrierend eine Traumlandschaft gebildet, in der von der Natur keine festen Grenzen und keine Siedlungen geduldet werden. Nach Markos Vorstellung ist hier die fruchtbare und überwiegend von ökologischer Landwirtschaft bestellte wilde Ecke der Pannonischen Ebene das Steißbein, also der Ort, der uns vom Einwirken des Kosmos in unseren menschlichen Körper am meisten verrät. Eine Wassersonne oder ein Kundalinizentrum. Mag das so sein oder nicht, Muriša mit seiner Wasserwelt, wo noch Otter aktiv und eine Vielzahl von Tieren und Pflanzen heimisch sind, ist auf jeden Fall eine Fahrt wert.

Das Meer

Slowenien ist ein mediterranes Land. Das fällt den meisten Instantbesuchern nicht auf, die die klassische Slowenien-in-ein-bis-zwei-Tagen-Tour absolvieren, in der Altstadt von Ljubljana schon vorm Frühstück mit der Kamera herumirren, sich mittags eine Cremeschnitte in Bled antun, um sich danach, von zu viel Zucker beflügelt, sofort weiter zur Besichtigung der Höhle von Postojna aufzumachen und am Abend todmüde ins Bett zu fallen. Auch die meisten Slowenen sind sich dieses Faktums nicht wirklich bewusst. Man wird oft verlegen, wenn man mit einem ironischen Lächeln auf die 43,157 Kilometer Küste angesprochen wird. Aber was würde die Schweiz für ganze 43,157 Kilometer Adria geben! Zudem sind es auch gar nicht 43,157 Kilometer Küste. Es sind ganze fette 46,602 Kilometer, erheben etliche Websites und das slowenische Fremdenverkehrsamt begeistert Einspruch, und in Internetforen rechnen patriotisch gestimmte Geografen auch die Umfänge der paar Fischerboote in Piran und alle aufblasbaren Schwimmreifen, Luftmatratzen und Plastiktiere der Urlauber in Piran und Portorož dazu und kommen dann auf stattliche 49,424 Kilometer – Tendenz steigend. Das freut den Slowenen natürlich. Nach einem Jahrhundert des Schrumpfens wächst das slowenische Meer also wieder. In den letzten dreißig Jahren ist ihm auf maritimen Karten sogar ein Schornstein gewachsen, über den man in das offene Meer, in internationale Gewässer, hätte rudern können. Es steigt aber noch kein Rauch durch den trichterartigen Korridor, der das slowenische Meer mit der Welt verbinden soll, kein Abkommen, da mit den lieben Nachbarn nie zu Ende verhandelt wurde. Die Nächstenliebe soll auch kein Ende haben. Wenn man die Unterhaltung genießt, soll man sie ja nicht zu schnell beenden. Lieber streut man ab und zu ein wenig Adrenalin, ein paar Skandale und Gerichtsprozesse vor dem Europäischen Gerichtshof ein, man stellt Fischern Tickets aus für falsches Parken auf offener See, man versucht, den Meeresspiegel durch eine Flut von Zeitungsartikeln anzuheben. Zwanzig Jahre lang machten slowenische und kroatische Politiker Kopfstände. Jetzt ist man etwas älter geworden, die Knochen sind nicht mehr ganz so flexibel, und man belässt es vorerst pragmatisch dabei, sich mit der ungelösten Lösung zu arrangieren und anderswo nach Problemen zu fischen.

Historisch gesehen ist das Meer neben dem Wind der beste Beweis für das Grenzenlose, das Offene – und dafür, dass wir Menschen mit unseren Vorstellungen von Identität eher eine bizarre Spezies sind. Wir müssen zugeben, dass die Grenzverschiebungen im Raum um Triest beziehungsweise Triest und Koper, das auf Italienisch Capodistria heißt, also das Haupt von Istrien, extrem intensiv waren und neben dem Meer, das in dieser Ecke der Welt einen hohen Anteil von Sonnencremeresten aufweist, ein zweites, unsichtbares Meer ebbt und flutet, ein Meer des Größenwahns, des politischen Kalküls, der Provokation, der Nationalismen und der historisch ungeprüften Geschichtsinterpretationen. Nirgendwo sonst gehen die Deutungen darüber, ob ein halbes Wasserglas halb leer oder halb gefüllt ist, derart auseinander wie hier. Ein Tourist, der mit seinem Aperol Spritz am Strand sitzt und Möwen zählt, kriegt davon wenig oder gar nichts mit. Man sollte aber nicht wie ein Idiot durch die Botanik reisen. Deshalb drei Sätze über die hiesige Geschichte.

An einem der vielen möglichen Anfänge, den wir ein wenig kennen, stand ja – wie oft in unseren Breitengraden – Rom. Danach kamen die slawischen Stämme und vieles mehr, das Byzantinische Reich und, später, das Lombardische Königreich. Lange Zeit gab es die Republik Venedig, zwischendurch auch das Fränkische Reich, das Heilige Römische Reich deutscher Nation, die Habsburger lagen im Hinterland auf der Lauer, dann kam Napoleon, und ab ging's in die Donaumonarchie. Das waren drei Sätze. Und wir sind jetzt erst beim Aufschwung Triests zu einer Traumstadt der Monarchie, zum Fenster in die Kolonien und zum Tor in die ferne Welt – ein Aufschwung, der mit einem Entscheid von Karl VI. begann, der 1719 Triest und Rijeka/Fiume zu handelsfreien Häfen erklärte.

Triest entstand auf einem Gebiet, das größtenteils slowenischsprachige Dörfer und kleine Fischersiedlungen umfasste – und zum Teil sind sie das bis heute geblieben. Das heutige slowenische Küstengebiet, vor allem die drei Städte Koper, Izola und Piran, waren überwiegend italienischsprachige Gebiete mit slowenisch sprechendem Hinterland. Nach dem Zweiten Weltkrieg und der neuen Gebietsverteilung zwischen Italien und dem damaligen Jugoslawien kam es zu einem wahren Umsiedlungsgewirr. Der in Koper aufgewachsene slowenische Dichter Tomaž Šalamun hat immer wieder von seinem frühen Kindheitstrauma berichtet, von italienischen Familien, die aus Koper wegzogen – oder wegziehen mussten. Und auf der italienischen Seite gab es dann eine jahrzehntelange Italianisierung, die für Slowenen katastrophale Zwischenkriegszeit, wo man Kindern in den Schulen in den Mund spuckte, wenn sie slowenisch sprachen. Es gab die italienische Kriegsbesatzung Sloweniens, das antislowenische Ressentiment im Kalten Krieg und so weiter und so fort.

Als Triest Italien zugesprochen wurde, kam es zur Umgestaltung der slowenischen Küste. Der Konkurrenzhafen von Koper wurde aufgebaut und gilt bis heute als das logistische Kronjuwel Sloweniens, da die Bahnverbindung von Koper über Ljubljana nach Osten die schnellere und preiswertere ist und so ein Riesenpotenzial an logistischen Leistungen bereithält. Rund 2000 Schiffe landeten im Jahr 2019 rund 23 Millionen Tonnen an Waren an und um. Das hat ökologisch schwerwiegende Folgen. In Koper möchte man beides: die Einkünfte aus dem Hafen – und eine schöne Küstenstadt mit dem klaren Architektursiegel der venezianischen Republik bleiben, was nicht immer leicht ist.

Viele wollen auch nicht mehr die getrennten Mikrokosmen der Städtchen Koper, Izola und Piran sehen, sondern alles als einen ganzen, urbanisierten Küstenstreifen, von dem man dann nur als Obala, der Küste, spricht. Und in der letzten Zeit spricht man wieder vom slowenischen Istrien als einer aufs Engste verbundenen slowenisch-kroatisch-italienischen Gesamtregion. Dabei sollte man, wenn man vom Meer spricht, nicht nur das Wasser vor Augen haben, sondern das Meer von Hügeln, Mulden, Tälern, Kiefernwäldern, Pinienbäumen, die die Wegränder säumen, ein Meer der besten Olivenölanbaugebiete der Welt, ein Meer von Steinbrüchen und kleinen Dörfern – aus Stein und

Aufopferung gebaut. Und viel, viel Wein. Man sollte Istrien, das nahe an der Küste gelegene, das blaue Istrien, und das entferntere, das grüne Istrien, zusammendenken. Nicht nur wegen der miteinander verflochtenen Geschichte von menschlichen Schicksalen. Sondern weil das das wirkliche Potenzial dieser Gegend ist. In Kroatien hat das istrische Hinterland einen gewaltigen Aufschwung erlebt, auch eine symbolische Aufwertung in den letzten zwei Jahrzehnten erfahren, Slowenien dagegen hinkt hinterher. Dafür ist noch vieles vom Alten erhalten geblieben, nicht alles rausgeputzt und auf Hochglanz poliert, und für die abenteuerlustigen, für Details sensiblen Besucher sind die gewundenen engen Straßen, die die kleinen istrischen Dörfer miteinander zu einem Strickmuster der Sehnsucht verknüpfen, eine Schatztruhe ohne Ende. Ob man sich nach Krkavče begibt, wo es den einzigen slowenischen Menhir zu bestaunen gibt, oder nach Socerb mit seiner Festungsanlage, ob man sich weiter südlich, in Koromači, zu einer Portion der besten hausgemachten Trüffelpasta der Welt niederlässt oder nach Kubed zum St. Martinsfest fährt, man fühlt sich permanent überrascht.

Ich erinnere mich an das erste Mal, als ich in Pomjan oder in einer Kneipe in Babiči oder in einem der vielen unprätentiösen Gasthäuser, die in Istrien auf einen lauern, eine istrische Suppe bestellt habe. Was kam, war keine Suppe, es war ein überquellender Teller mit einem fürs Auge undurchdringlichen dunkelroten Betäubungsgenuss. Das Rezept ist ganz einfach: zwei Liter lokaler Rotwein, ein halber Liter bestes Olivenöl, Zucker, Pfeffer, Salz, alles auf kleiner Flamme langsam geköchelt und über ein schwarz angebranntes Stück Hausbrot gegossen. Ich aß die Suppe mit Genuss und stand danach leicht wankend vom Tisch auf. Es war die Speise der ärmlichen Bäuerinnen, die

Eier und Gemüse zu Fuß auf den Markt von Triest zum Verkauf brachten und ermüdet und hungrig vor dem Rückweg etwas Preiswertes, aber Stärkendes zu sich nehmen mussten.

Mit den istrischen Frauen sind viele magische Geschichten verbunden, die Marjan Tomšič in seinen Romanen wunderbar wiedergegeben hat. Auf der einen Seite ist da die *štriga* (ausgesprochen: »Schtriga«), die lokale Hexe, die die armen Männer in ihren Bann zieht. Auf der anderen die aufopfernde Mutter, die alles für die eigene Familie gibt. Durch Marjan Tomšič und den Filmemacher Metod Pevec wurde auch die Geschichte der Alexandrinerinnen aufgearbeitet. Das waren Frauen aus dem Hinterland von Koper, Vipava und Nova Gorica, oft mit Kleinkindern und arbeitslosen Männern, die wegen ihrer Armut nach Alexandria als Ammen, als Köchinnen oder Hilfspersonal auswanderten. Das begann in der Mitte des 19. Jahrhunderts, als der Bau des Suezkanals einsetzte, und dauerte bis in die Mitte des 20. Jahrhunderts. Viele kamen nie oder erst gealtert zurück. Wieder zu Hause angekommen, erlitten sie oft schlimme Altersschicksale und wurden von den eigenen Familien, die sie über Jahrzehnte mit ihren Geldsendungen aus dem Ausland ernährt hatten, nicht mehr akzeptiert.

Im slowenischen Volkslied und in der Literatur trifft man immer wieder auf das Motiv der *lepa Vida*, der schönen Vida, die über das Meer zog, freiwillig oder nicht, um dem Traum eines besseren Lebens zu folgen. So zum Beispiel in mehreren Romanen Boris Pahors. Das Meer war in dieser Hinsicht immer beides, das Fenster zur großen, weiten Welt, aber auch der Horizont, von dem das Übel hereinbrach. Wenn man von den istrischen Hügeln auf die Küste und die Bucht von Koper hinunterschaut, wird man von dieser Weite überwältigt, man befindet sich, von ein paar

Löffeln istrischer Suppe gestärkt, in einer Zeitkapsel, in der das menschliche Leid und die Schönheit untrennbar miteinander verknüpft sind, so wie ein von der Bora gewundener Olivenbaum und sein sanfter Schatten.

Im slowenischen Meer gibt es heute keine Inseln mehr. Früher existierten wenigstens drei, Koper ist auf der ersten entstanden, gleich daneben wurde die Insel Sermin in den heutigen Hafen von Koper eingebaut, Izola, wie schon der Name sagt, ist auf der dritten Insel entstanden. Piran versucht, mit seinem Kap Punta ins offene Meer hinauszuragen, aber das Kap zu einer Insel zu befördern gelingt kaum.

Die Adria ist der Urtraum von 99 Prozent aller Kontinentalslowenen. Ich erinnere mich, wie ich mich als Kind nach dem Moment sehnte, wenn das Auto nach stundenlanger Fahrt Črni Kal erreichte, die tektonische Kerbe, welche den Karst von dem Küstenstreifen mit seinen steilen Abhängen trennt. Durch die rechte Autoscheibe konnten wir Kinder in der Ferne die Bucht von Triest und Koper sehen, den Streifen von Ultramarin und den weiten Himmel darüber. Es gibt kein schöneres Wunder, als nach einer scheinbar unendlich langen Reise das Meer zu erblicken. Dieses Gefühl kennt jeder, der nicht am Meer lebt und für den das Meer nichts Alltägliches ist. Für die in Ljubljana lebende slowenische Popikone Magnifico ist die Strecke Ljubljana–Portorož der slowenische Ausflugstrip schlechthin, der Esprit, Erotik und Abenteuer verspricht. Der aus Koper stammende junge Rapper Drill sieht die Küste, die Obala, ganz anders, vor allem kritischer. In seinem Song *Obala* geht es um Drogenhandel, Geld und Hardcoreszenen.

TEIL 4: DIE ORTE

Ljubljana

Der Ljubljaner, die Ljubljanerin

Der Ljubljaner, die Ljubljanerin – es gibt sie nicht. Er/sie/es ist eine Erfindung der Zugereisten, Zugezogenen, der Immigranten und Arbeitsuchenden. Die Illusion, dass es so etwas wie einen richtigen, urtümlichen, alteingesessenen Ljubljaner gibt, sozusagen eine autochthone Ljubljaner Spezies, wird nur von denen aufrechterhalten, die vor zwei oder drei Generationen hierherkamen, um dadurch kleine Privilegien für sich zu sichern. Vielleicht gab es sie einmal, die Ljubljaner, sie sind aber bestimmt schon vor langer Zeit weitergezogen, nach Wien oder Venedig oder nach Belgrad, Paris und London. Übrig geblieben ist ein leerer Spielplatz, ein offenes, sensibles Schlachtfeld, in dem man nicht mit Gabeln, Messern oder gar Pistolen herumfuchtelt, sondern mit Konsonanten und Vokalen.

Nicht anders als bei den Briten ist die Aussprache die Waffe für den Urljubljaner. Er kann mit seismografischer

Präzision und auf einen Radius von fünfzehn Kilometern genau nur an der Aussprache eines Wortes feststellen, aus welchem Dorf der Mitredner in die Hauptstadt gezogen ist; freilich tut er das mit dem Ziel, binnen kürzester Zeit zu einem waschechten Ljubljaner zu mutieren. Wie man das anstellt? Da gibt es eine Faustregel. Man wird zum echten Ljubljaner nur und ausschließlich samstags. Denn am Sonntag ist ja kein wirklicher Ljubljaner in Ljubljana, da fahren sie alle in die Berge oder ans Meer, und von Montag bis Freitag, nun ja, der Ljubljaner muss auch mal Geld verdienen, und die hohe Kunst, beim Geldverdienen Ljubljaner zu sein oder einer zu werden, die beherrschen nur die allerwenigsten. Die offensichtlichsten unter ihnen sind die örtlichen Bürgermeisterinnen. Die letzten drei stammen aus dem Dorf Bučkovci bei Maribor, aus dem Vorort von Ljubljana Šiška und aus dem serbischen Dorf Saraorci bei Smederevo.

Aber kehren wir zurück zum Ljubljanerwerden. Man wird es also samstags, genauer gesagt am Samstagmorgen und -vormittag, denn das ist die Zeit, in der die Einheimischen das machen, was sie in ihrem Leben fast am liebsten tun. Um präzise zu sein: Am Samstagmorgen und -vormittag verrichten sie ihre zweitliebste Tätigkeit – sie gehen auf den Markt. Was für die Römerin das Tässchen Espresso ist, für den Berliner sein Brunch und für den Londoner das stundenlange Anstehen in einer der überall präsenten Warteschlangen, ist für den Ljubljaner das Herumflanieren und Quasseln auf dem Marktplatz. Es ist zugleich ein soziales und ein politisches Ritual. Nicht nur Lokalpolitik wird dort gemacht, und nicht nur über Skandale und das Wetter wird gelästert. Der Markt ist ein universaler Pulsmesser, er misst die Stimmung der Zeit genauer, als alle Börsenanalysen und Politbarometerumfragen das vermögen. Dabei verbindet man dieses Ablesen der Zeit zugleich mit etwas Praktischem. Die Ohren vollgestopft von noch warmen Informationen, Gerüchten und Geschwätz, mit einem frisch aufgeschäumten Cappuccino im Magen und den mit Sauerkraut, Salat, Fisch und Käse überladenen Tragetaschen, geht man langsam nach Hause.

Das Sauerkraut stammt von der Sauerkrautdame, die auf dem Marktplatz auch bei tiefsten Minusgraden am offenen Stand verkauft und jeden Ljubljaner Möchtegern mit »Gospod«, »mein Herr«, »Gospa«, »meine Dame«, hofiert. Ihr Kraut wird seit Generationen auf dem Bauernhof in der nahen Umgebung der Hauptstadt in Holzfässer eingelegt und gesäuert. Nicht viel anders geht es bei der alten Gemüseverkäuferin zu, die ihren Salat noch bis vor Kurzem aus dem eigentlichen Zentrum Ljubljanas, dem Stadtteil Trnovo, auch »das Salatdorf« genannt, bezog und ihn jetzt zehn Kilometer weiter außerhalb in der Nähe von Moravče anbaut.

Diese Anrainer, Vorstädter, Bewohner der Dörfer vor den Toren Ljubljanas, die langsam mit der Stadt zusammenwachsen und deren Familien oft jahrhundertelang nicht umgesiedelt sind, könnten sich vielleicht als Einzige als wirkliche Original-Ljubljaner bezeichnen, obwohl sie das wohl nie in Erwägung ziehen würden. Im Gegensatz zum *Gospod*, zur *Gospa*, denen sie tagein, tagaus ihre Kartoffeln und Karotten verkaufen, möchten sie oft nichts Besseres sein, als sie sind. Das macht sie frei. Frei, um am Sonntag das zu machen, was man am liebsten macht. Die junge Sauerkrautverkäuferin wird am Sonntag mit ihrem Handy im Bett bleiben und nichts machen, und die alte Salatverkäuferin wird in die Kirche gehen, um dort eine andere Form von nichts zu machen. Die Ljubljaner werden aber schon am Samstagnachmittag, noch bevor das späte Familienmittagessen verdaut ist, aufbrechen, um das Größte, das Schönste, das Wichtigste zu unternehmen, was man sich so als seit Kurzem alteingebürgerter Ljubljaner vorstellen kann: Sie werden Ljubljana verlassen, zu ihren Wochenendhäusern am Meer oder in die Berge fahren und dort in aller Eile versuchen, ihre Grundstücke herzurichten, die Häuser zu renovieren, den eigenen Garten ein wenig in Ordnung zu bringen und zwischendurch noch im Wald Kastanien und Pilze zu sammeln, um auf dem Rückweg noch einen Abstecher ins lokale Gasthaus zu machen. Denn als richtiger und wahrer Ljubljaner ist man nur unter der Woche ein Hauptstadtmensch. Insgeheim sehnt sich der *Gospod*, die *Gospa* aus Ljubljana nicht nach dem auf dem Markt gekauften, sondern nach dem selbst angebauten Salat – oder wenigstens nach einem Sauerkrautschicksal auf dem Lande.

Plečnik

Was wäre Ljubljana ohne das große Erdbeben, das am 14. April 1895 den Stadtkern verwüstete und neben all dem Schlimmen auch die einzigartige Möglichkeit bot, die Stadt neu, im wunderbaren Sezessionsstil, aufzubauen? Der historische Stadtkern wäre heute ein anderer, wahrscheinlich viel plumper und viel weniger raffiniert. Und was wäre die Stadt ohne den Tischlerlehrling, der zuerst die Schule schmiss und später von Otto Wagner in Wien zu einem der ganz großen europäischen Architekten des 20. Jahrhunderts ausgebildet wurde, was wäre die Stadt ohne Jože Plečnik? Es waren zwei Erschütterungen, die erste eine geologisch-tektonische, die zweite eine menschlich-ästhetische, die dem historischen Stadtkern von Ljubljana seinen eigenen, klassizistisch-mediterranen Charakter verliehen und deren Folgen heute die zentralen Anziehungspunkte der Stadt bilden: nicht nur die drei Brücken und das Marktgebäude, die Wahrzeichen Ljubljanas, oder die von Plečnik verfasste Nationalbibliothek, auf die, nachdem sie drei Jahre zuvor eingeweiht worden war, 1944 ein Flugzeug stürzte, das den zentralen Lesesaal verwüstete. Als Plečnik von dem Unglück hörte, soll er ganz ruhig geblieben sein und gemeint haben: Haben Sie keine Angst, das durch den Absturz verursachte Feuer wird sich nicht ausbreiten, das Gebäude ist so gebaut. Auch das monumentale Žale-Portal und der Gebäudekomplex des Zentralfriedhofs von Ljubljana sind Must-sees für Plečnik-Fans aus der ganzen Welt.

Plečnik war Architekt, Urbanist und Designer, er hat sakrales Geschirr, Lampen, Stühle, Innen- und Außendekor entworfen. Sein wohl bekanntestes Unterfangen ist der Umbau des Prager Burgkomplexes auf Hradčany, dem Hradschin. Er war und bleibt ein eigenwilliges Genie von Weltrang, der mal gesagt hat: Was Corbusier kann, kann ich auch, was ich kann, kann Corbusier nicht. Umso mehr verwundert die asketische Einrichtung in seinem Privathaus, in dem er lebte, arbeitete und auch unterrichtete, in dem Ljubljaner Stadtteil Trnovo, das heutzutage ein wunderbares Museum ist, etwa das zu kurze Bett, das er für sich anfertigen ließ, aus Scheu vor Komfort, um nicht sein tägliches Arbeitspensum zu verschlafen. Seine eigenartigen Verhaltensweisen Frauen und auch Gott gegenüber geben bis heute Rätsel auf. Als konservativer Demokrat, als elitärer Liberaler, als christlicher Antikenverehrer und als klassizistischer Modernist ist er das große verbindende Fragezeichen, wegen dem es sich allein schon lohnt, nach Ljubljana zu pilgern. Und auch seine weniger bekannten Bauten, die Holzkirche St. Michael im Moor, die Franziskanerkirche im Stadtteil Šiska oder das Gebäude der Triglav-Versicherungsanstalt, müssen besichtigt werden. Von größtem Einfluss war Plečnik als Vorbild und Lehrer für alle nachfolgenden Generationen slowenischer Architekten. Seine Schüler haben den überwiegenden Teil dessen gebaut, was heutzutage an modernistischen Bauten in Ljubljana etwas taugt.

Radfahren in Ljubljana

Eigentlich ist Ljubljana und, ja, ganz Slowenien wie geschaffen fürs Radfahren. Die Distanzen sind auch für Radler ohne Kondition gut zu bewältigen, Velos werden nur ab und zu gestohlen, und man kommt auf kleinen Distanzen oft fast so schnell mit ihnen ans Ziel wie mit den öffentlichen Verkehrsmitteln. Trotzdem war Ljubljana mit seinen knapp 300 000 Einwohnern bis vor Kurzem eher das Gegenteil von Amsterdam oder Münster. Ljubljana war eine von Autos und Bussen vollgestopfte Stadt, laut und von Auspuffwolken verdreckt. Das änderte sich in den letzten zwei Jahrzehnten radikal, seit Zoran Janković Bürgermeister und der Architekturprofessor Janez Koželj Stadtarchitekt wurden. Beide waren kühn genug, um ungeliebte Veränderungen durchzusetzen, den Stadtkern autofrei zu machen und der Stadt eine radikale Verschönerungskur zu verpassen. Eigentlich war vieles Schöne schon da, doch oft verhüllt, man hat es aufgepeppt und vor allem mit neuem Pflaster versehen, insbesondere aber mit einer neuen Verkehrsordnung, in der neben Stadtbussen hauptsächlich Fahrräder eine zentrale Rolle spielen. Das wäre an und für sich noch nichts Besonderes, gäbe es da nicht die spezielle Art, in der man in Ljubljana mit dem Radl fährt. Ein einzigartiges Verkehrskonzept, das manch einen Neuankömmling, der sich ein Stadtrad leiht und in die Pedale tritt, zuerst verwundert. Doch bald gewöhnt man sich an die typischen Fahrradregeln. Ihr Ursprungsort liegt in der slowenischen Politik, die in Ljubljana gemacht wird. Man hat das Umgangsmuster aus dem Parlament lediglich auf die Straßen, Fahrradwege und Bahnsteige von Ljubljana übertragen.

Eigentlich muss man sich nur an zwei einfache Regeln halten, und schon ist man gerüstet für den Kampf auf dem Fahrradpflaster. Erstens: Es gibt Regeln nur, solange sie für mich vorteilhaft sind. Zweitens: Es gibt keine Regeln, wenn diese für mich nicht vorteilhaft sind. Wenn man durch das Zentrum von Ljubljana radelt, ist eigentlich nicht klar, was man darf und was nicht. Die slowenische Politik erscheint so wie der sogenannte »gemeinsame Verkehrsraum« in der Fußgängerzone der Hauptstadt. Es ist eine Fußgängerzone, aber Radfahrer, Zustelldienste und elektrische Stadtautos, die Kavaliere, haben freie Fahrt. Es ist ein Ort der Koexistenz ohne klare Regeln und mit möglichen schmerzhaften Folgen und Strafen bei Verstößen. Man stellt sich also dumm, macht, was einem am ehesten zugutekommt, man regt sich auf, wenn nicht alles nach der eigenen Vorstellung läuft, und ab und zu wird man bestraft, ohne zu wissen, warum eigentlich. Ein merkwürdiges, eigenartiges Verkehrskonzept, das am ehesten an eine Art urbanisierten Urwald erinnert und bei Besuchern Irritation auslöst. So auch, wenn Polizisten auf dem Rad unterwegs sind. Die Bibel sagt: Wie im Himmel, so auf Erden; die Ljubljaner aber sagen: Wie in der Politik, so auf dem Fahrrad.

Seit Ausbruch der Covidpandemie protestiert man in Ljubljana gegen die Rechtsregierung von Janez Janša. Aufgrund der Pandemieeinschränkungen geschieht das oft auf dem Rad. Tausende fahren jeden Freitag durch die Hauptstadt im Kreis ums Parlament und um die Ministerien und klingeln heftig. Das Fahrrad wurde so bald zum Symbol des Protestes. Zusammen mit dem Triglav, dem heiligen Berg der Slowenen, greifen die zwei Räder das Logo der antinazistischen Befreiungsfront im Zweiten Weltkrieg auf. Die Protestler waren so in Schwung, dass sie Ende August 2021 ein Rad auf den Triglav schleppten, um die patriotisch-radlerische Verbindung auch in den sozialen Medien zu bekräftigen. Beim Aufstieg früh am Morgen traf die Protestgruppe unter dem Triglav auf den Premier- und den Innenminister, die genauso gerade das Heiligtum der slowenischen Naturimagination ersteigen wollten. Es kam zum Wortgefecht. Beide Parteien eroberten schließlich den Berg. So nahe liegen in Slowenien die größten Gegensätze beisammen – und doch dreht man sich dabei, wie ein Rad, häufig im Kreis.

Unweit des Platzes der Republik im Zentrum von Ljubljana, auf dem freitags protestiert wird, liegt am Ufer der Ljubljanica ein großes, verfallenes Industriegelände. Es ist die ehemalige Radfabrik Rog, die der Stadt gehört und über zehn Jahre von NGOs und verschiedenen Künstlern und Aktivisten okkupiert war. Anfang 2021 wurde das Gelände in einer Nacht-und-Nebel-Aktion von privaten Securitykräften der Stadt und der Polizei geräumt, ein Fall, bei dem die slowenische Politik, sowohl Links als auch Rechts, kooperierte. Die Radfabrik wird jetzt umgebaut. Und das Rad der Geschichte dreht sich weiter.

Das unsichtbare Ljubljana

Vor gut hundert Jahren hatte Triest mehr slowenische Einwohner als Ljubljana. Erst nach dem Ersten Weltkrieg wuchs die Kleinstadt um das Zehnfache zu der wohl bequemsten Hauptstadt der Welt. Möchten Sie eine tolle Theater- und Konzertszene, ein gutes Angebot an Bars und Restaurants, viel Grün, und das alles, ohne stundenlang in der U- oder S-Bahn sitzen zu müssen, ohne die Kinder Tag für Tag stundenlang zur Schule, zum Training und zur Musikschule herumzukutschieren, und trotz des großen Angebots an Aktivitäten die Möglichkeit haben, innerhalb von einer Stunde am Meer oder auf der Skipiste zu sein? Ja? Dann sind Sie mit Ljubljana gut bedient.

Zugleich hat die Stadt ja auch noch mehr als den von den Touristen zunehmend gentrifizierten alten Stadtkern zu bieten. Der wird von einer unsichtbaren Mauer umgeben, an der Fremde meist verharren. Leider! Denn Stadtteile wie Šiska, Trnovo, Krakovo oder Mirje bieten mehr Alltag und mehr Entdeckungen, die nicht in Reiseführern beschrieben sind. Ein Bier im Café Vesolje, dem Weltall, hinter der Philosophischen Fakultät kann einem die Augen für die Menschen der Stadt öffnen, ein Besuch im Kino Šiska oder auf dem Friedhof von Navje einen ganz anderen Blick auf die Frage ermöglichen, ob man herziehen oder nur immer wieder zu Gast sein möchte. Es ist eine linksliberale Stadt, in der Räume für fast alles existieren. Mit ihrer LGBT-Szene, den Tourismusscharen, den Institutionen, Halsabschneidern, dem verwinkelten System von Möglichem und scheinbar Unmöglichem, ihren versteckten Ecken und scheinbar leblosen Vorstädten ist Ljubljana die Stadt, in der sich Slowenien immer wieder neu erfindet.

Maribor

Maribor ist das slowenische Synonym für Lokalpatriotismus. Nirgends in Slowenien wird man so fanatisch auf das eigene Autokennzeichen schwören, den Dialekt so hervorheben und, heroisch, das von vornherein nicht ebenbürtige Duell mit der Hauptstadt aufnehmen. Man hat immer jemanden, der an allem Schlimmen und Turbulenten schuld ist. Und Schlimmes und Turbulentes gab es im letzten Jahrhundert in der Grenzstadt an der Drau mehr als genug. Taucht man ein wenig in die Geschichte der zweitgrößten slowenischen Stadt ein, kommt einem Maribor wie ein Paradebeispiel der Geschichte Mitteleuropas vor: Österreicher, Slowenen, Ungarn, Kroaten, eine jüdische Geschichte, von der noch immer eine Synagoge und der Roman *Marpurgi* von Zlata Vokač Medic zeugen, türkische Belagerungen, die Pest, die die Einwohnerzahl dezimierte, und den Rest erledigten immer wieder Stadtbrände.

Dann kam aber 1846 die Südeisenbahn, die Wien mit Triest verband und der Kleinstadt einen ungeahnten industriellen Aufschwung verlieh. Man kann sich kaum vorstellen, dass der heutzutage eher verschlafen wirkende Bahnhof von Maribor, in dessen herruntergekommenem Bahnhofsrestaurant angeblich Nikola Tesla gern Karten spielte, im 19. Jahrhundert das Wahrzeichen des Aufschwungs der Stadt war. Mitte des vorletzten Jahrhunderts wurde auch der Bischofssitz von Lavant nach Maribor verlegt, und es begannen Reibungen zwischen der vorwiegend deutsch sprechenden Kleinbürgerschaft und dem vorwiegend slowenisch sprechenden Umland. In den Endwirren des Ersten Weltkrieges nimmt in einer Soloaktion der Offizier und Dichter Rudolf Maister die Stadt Marburg für das damalige Königreich der Serben, Kroaten und Slowenen ein. Später wird sie einer der südlichsten Reichsorte, den Adolf Hitler vor jubelnden Massen im April 1941 besucht. Die Stadt wird von den rund 12 000 Bomben der Alliierten eingeebnet und nach dem Krieg wieder aufgebaut. Zu jugoslawischen Zeiten wurde Maribor zur industriellen Hochburg. Arbeiter aus allen Ecken Jugoslawiens zogen hierher, was der Stadt einen unverwechselbaren Arbeiter- oder gar Lumpenproletariatscharakter verlieh, der sich bis heute hält. 1991 ist gerade Maribor mit seiner vorwiegend schweren Industrie die Stadt, die der Zerfall Jugoslawiens am härtesten trifft. Riesenunternehmen wie die Automobilfabrik TAM gehen bankrott. Die hohe Arbeitslosigkeit wird durch Arbeitsmigration nach Österreich bis heute gemildert.

Aber zum Glück gibt es Linderung für das ökonomische Unheil, nämlich den Fußball und das Theater. Es sind die zwei Fixsterne am verhangenen Himmel der Stadt. Weil die Menschen in Maribor es wie niemand sonst lieben, zu jubeln und sich einen Jux zu machen. Die Violetten, wie man den FC Maribor zu Hause nennt, kassierten in den letzten dreißig Jahren die Hälfte der Ligatitel und brachten es auch zu manch einer Sternstunde auf europäischem Terrain. Zugleich ist das größte Theater- und Opernhaus Sloweniens eine der Institutionen des Landes; unter der legendären Leitung von Tomaž Pandur erregte sie mit spektakulären Inszenierungen internationales Aufsehen und brachte der Stadt den Ruf ein, dass hier auf engstem Raum die Koexistenz von künstlerischer Opulenz und Lumpenproletariat möglich sei. Gerade das Aufeinanderprallen von radikalen Gegensätzen ist bezeichnend für diese Stadt, die zur Zeit der größten ökonomischen Krise, 2012, Kulturhauptstadt Europas war. Das Jahr fing mit einem Opernspektakel an und endete mit Massenprotesten gegen die lokale Verwaltung, bei denen Slogans skandiert wurden, die man einem Graffiti-Fußballcomic entnommen hatte, der die heruntergekommenen Altbauten und die vielen immer noch bestehenden Baustellen inmitten der Stadt verschönern sollte. Ich habe versucht, das einzigartige Klima der Stadt in meinem Roman *Archiv der toten Seelen* zu beschreiben.

Für viele ist Maribor heute die freiste, coolste, wildeste Stadt des Landes. Mit ihrer wachsenden Universität und vielen privaten Bildungseinrichtungen ist sie zugleich eine sehr junge Stadt, in der man gerne herumexperimentiert, Moden entstehen lässt, ins Leere quasselt, sich als Märtyrerin gibt, wunderbar kocht und verführerisch lacht, eine Stadt, in der sich immer wieder junge Leuten finden, bei denen absolut hundertprozentig klar ist, dass sie bald die Welt mit ihrem Charme und ihrem Können bezaubern werden, sei es Luka Šulić aus dem Duo 2Cellos, die Designerin Alja Horvat oder der Regisseur Jernej Lorenci.

Wenn man über Maribor nachsinnt, darf man auf keinen Fall die umliegenden Orte vergessen. Zum einen das wunderbare Weingebiet direkt am Hang, zum anderen das Pohorjegebirge, das die Stadt dominiert. Wenn man im Winter nach Süden blickt, ist die beleuchtete Skipiste, die sich dramatisch aus einem Waldidyll in die Vorstadt senkt, zu sehen, auf der traditionellerweise Damen-Weltcup-Skirennen stattfinden – falls Schnee liegt. Wenn nicht, fährt man eben mit der Gondel im Pohorjegebirge zum Radeln oder geht spazieren, Wälder und dunkle Geschichten gibt es nämlich rund um diese Stadt mehr als genug, und man braucht nur ein wenig Geduld, Aufgeschlossenheit, Plaudersinn und Gespür für einen tiefschwarzen Humor, um die Gegend eingehender zu erkunden.

Celje und Ptuj

Sobald man von der drittgrößten Stadt Sloweniens spricht, denkt man an ihre fürstliche Geschichte. Man bekommt es schon in der Grundschule eingetrichtert, bei der Fremdenverkehrswerbung, ja sogar beim Sportkommentar in der Tagesschau spricht man von der Handballschlacht in der »Fürstenstadt«. Es ist der Mythos der angeblich letzten Fürstenfamilie auf slowenischem Boden, die sich mit Intrigen, Heirat und Krieg bis mitten ins 15. Jahrhundert in enormem Aufschwung befand. Dann kam es zur Ermordung von Graf Ulrich II. in Belgrad, des letzten Nachfahren des Fürstenhauses von Celje. Sein gespaltener Schädel ist als Letzter in der Reihe von achtzehn Häuptern der fürstlichen Familie in der Kirche von Celje beigesetzt.

Vor gut hundert Jahren hat man die ausgerottete Familie der Žovneks, zu denen Ulrich II. gehörte, durch slowenische Literatur, vor allem durchs Theater, als die eigene entdeckt, und seitdem liebt und lebt man mit den Geistern der ehemaligen Stadtherren – und übersieht dabei behutsam das Faktum, dass die Fürstenfamilie deutscher Abstammung war. Die drei gelben Sterne im Stadtwappen sind aber geblieben, sowie die Ahnung, dass die Stadt etwas besitzt, was alle anderen slowenischen Städte vermissen lassen: ein leichtes Gefühl von Überheblichkeit und Selbstbewusstsein. Sie hat nicht die grobe Angeberei von Maribor oder die stille Tristesse von Ptuj, nein, im slowenischen Kanaan, wie Celje und seine Umgebung schon vor gut fünfzig Jahren genannt wurden, versucht man sich in der hohen Kunst der Selbstinszenierung. Das Stadttheater ist für Komödien bekannt, die Stadt für Märkte und für die meisten Ladenflächenquadratmeter pro Einwohner im Land. Dahinter verbirgt sich eine tückische, zugleich aber durchaus experimentierfreudige Gesellschaft, die sich in dem Städtchen an der Flussmündung von Savinja und Voglajna entwickelt hat, im Schatten der monumentalen Burgmauerruine, die über der Stadt triumphierend vom Mittelalter zeugt.

Zugleich ist Celje, dessen Name aus dem Keltischen hergeleitet wird (*Keleia*, »Zufluchtsort«) und das zu römischen Zeiten eine strategisch wichtige Position einnahm, ein vom Massentourismus bislang übersehenes Fundstück. So entdeckte man wichtige römischen Funde in der unmittelbaren Umgebung, wie etwa in der Nekropolis von Šempeter oder dem römischen Lapidarium hinter der Stara grofija am Savinja-Fluss. Beim Renovieren der Altstadt vor gut zehn Jahren fand man die Überreste einer wundervollen römischen Villa aus der Zeit des römischen Celeia mit fantastisch erhaltenen Farbfresken, was außerhalb Italiens eine absolute Seltenheit ist, zu bewundern im Knežji dvor, mitten in der Altstadt von Celje.

Celje, das über einen eigenen Stadtwald verfügt, von grünen Naturoasen (Logarska dolina, Menina, Saleška dolina) umgeben ist und zum Wandern einlädt, war noch zu K.-u.-k.-Zeiten und auch später eine Stadt radikaler nationaler Auseinandersetzungen zwischen slowenisch und deutsch sprechender Bevölkerung. So geriet im Zuge des parlamentarischen Kampfes um das slowenische Unterstufengymnasium in Celje 1895 die damalige Wiener Regierung unter Druck und wurde zu Fall gebracht. Es folgten Konflikte, die später, im Zweiten Weltkrieg, zu Massenaussiedlungen führten; das berüchtigte Gefängnis von Celjski Pisker war in Slowenien Synonym für nazistische Gräueltaten und Leid. Nach dem Krieg kam es zu Massakern, die erst in den letzten Jahrzehnten aufgearbeitet wurden. In der Nähe von Laško hat man das berüchtigte Massengrab von Huda Jama gefunden. Der österreichische Schriftsteller Martin Pollak schreibt in seinem akribisch recherchierten Werk *Die Frau ohne Grab* über seine ermordete Großtante aus Laško bei Celje, die nach dem Zweiten Weltkrieg von Partisanen interniert worden war. Ein anderes Buch, das die Komplexität der Zwischen- und Nachkriegswirren rund um Celje und Kočevje schildert, ist Pollaks *Der Tote im Bunker* über seinen Vater, den SS-Sturmbannführer Dr. Gerhard Bast.

Schaut man auf den wohl bekanntestes Mythos der Stadt, den von Veronika Deseniška (Veronika von Deschenitz), die der Sage nach aufgrund ihrer niederen Herkunft als Erste einem Hexenprozess ausgeliefert wurde – und nach dem Freispruch, vermutlich auf Anordnung des Vaters ihres Verlobten, ermordet wurde –, ahnt man, dass Leid und Aufopferung ins Grundmuster der Bewohner eingeschrieben sind. Obwohl, wie schon angedeutet, mit einer leichteren, wenn nicht gar hedonistischeren Nuancierung. Es waren immer wieder Frauen, die als Märtyrerinnen, als Musen oder als Anführerinnen aus Celje und der Umgebung hervorgingen. Sei es Fanny Hausmann, die erste slowenische weltliche Dichterin (die auch zweisprachig war); die Partisanenheldin und Märtyrerin Tončka Čeč; Alma Karlin, die weltreisende Theosophin und deutsch-österreichische Schriftstellerin, die in einer kleinen Hütte über Celje ihre letzten Jahre in Armut verbrachte; oder Sofia Hess, die Geliebte Alfred Nobels, die er auch »meine Banknotenfresserin« nannte und um derentwillen er in den 1870ern mehrmals nach Celje reiste, bevor sie nach Paris und Wien zogen; oder zuletzt noch die weltberühmte Kinderbuchautorin und Illustratorin Lila Prap.

Schon beim Anblick der rund fünfzig Kilometer östlich von Celje gelegenen Stadt Ptuj überkommt einen ein Dornröschengefühl. Ptuj wurde von der Weltgeschichte eingeschläfert, verfiel in einen tiefen Schlummer und wacht ab und zu wieder auf, schläft dann aber bald wieder ein. Vom historischen Schlaf zeugen die fantastischen Schwarz-Weiß-Fotos Stojan Kerblers, der die wunderbar verkommenen Ptujer Hinterhöfe fotografierte, Leute aus dem nahe liegenden Haloze-Gebiet, die drei großen Jahrmärkte in Ptuj und selbstverständlich auch den dortigen Fasching. Stojan ist mehr als nur Fotograf, er ist Zeitzeuge und eine moralische Größe der Stadt an der Drau, die ähnlich wie Maribor über Jahrtausende immer wieder eine Stadt an der Grenze war und es gerade wieder einmal ist.

Die über Jahrhunderte andauernde Grenzlage zwischen dem Salzburger Bistum und dem Patriarchat von Aquileia war Geschenk und Verdammnis zugleich. Über Ptuj lief der mittelalterliche Handel, von Venedig Richtung Baltikum wurden Seide und Gewürze gehandelt für Tierfelle, Leder und Bernstein, die Richtung Küste transportiert wurden. Das römische Poetovio war mit seinen bis zu

50 000 Einwohnern eine Großstadt, viel größer als London oder Wien in der Frühzeit unserer Zeitrechnung. Steht man auf der Burg, die prachtvoll über der Altstadt thront und nach Westen schaut, sieht man den Panoramahügel, unter dem noch immer das Herzstück der römischen Stadt begraben liegt, eine einmalige Konstellation von altem Stadtkern und zukünftigem Spielplatz für Archäologen. Eigentlich ist Ptuj ein einziges Museum. Was immer man anfasst, es ist voller Geschichte. So sind auch seine Bewohner entweder mit Geschichte beladen, würden am liebsten darauf pfeifen und ziehen es vor, auf den schönen Hügeln um die Stadt herum zu wohnen, oder sie sind von Geschichte besessen und dichten sich in ihrer Besessenheit ab und zu noch ein wenig Historie hinzu beziehungsweise biegen sich das eine oder andere Detail zurecht.

Man kann nicht anders, wohnt man in der Altstadt doch mit den Geistern der Stadt zusammen, dem römischen Bischof Victorinus, mit den 400-jährigen Erbauern der Stadt, der Grafenfamilie von Pettau, die neben der Burg und den zwei das Stadtbild dominierenden Klöstern, dem Minoriten- und dem Dominikanerkloster, auch die einmalige Wallfahrtskirche auf Ptujska Gora errichtet hat. Man wohnt mit Parzival zusammen, der Wolfram von Eschenbach zufolge hier irgendwo von seinem Onkel Trevrizent über seinen fatalen Fehler aufgeklärt wurde, oder in Nachbarschaft einer der vielen Handelsfamilien, die von hier aus ihre Weine in die Habsburger Welt und ins Jenseits verschickten.

Die Einwohner von Ptuj hatten seit jeher eine Vorliebe für den Kult, das Schelmische, das Theatrale, die Selbstinszenierung und das Verkleiden. Der Ptujer Kurent ist die wohl bekannteste Fastnachtsgestalt Sloweniens. Sein Zuhause sind die Dörfer wie Markovci, Spuhlja und andere rund um Ptuj, für die die jährliche Karnevalszeit von größter Wichtigkeit ist. Heutzutage ist aus dem Stadtkarneval ein Ethnofest geworden, Masken aus aller Welt kommen nach Ptuj, und ein geballtes Show- und Vergnügungsprogramm sorgt für das Amüsement von Zehntausenden von Besuchern. Im Kern bleibt der Kurent aber ein kultisches Wesen, seine Maske, die Glocken und der Pelz können bis 10 000 Euro kosten, und wenn man einer der rund tausend Kurenti ist, ist man nicht nur für das Verscheuchen des Winters aus dem Land und das oft erschöpfende und stark von Alkohol unterstützte, burschenschaftsartige Beisammensein zuständig, sondern gelangt auch an innere Grenzen und in kollektive Trancezustände. Wenn nicht in der Kurentmaske, dann trifft man die Ptujer im Sommer als römische Legionäre verkleidet, die ihre Weine bei Sommerfestivals oder Theaterperformances verkosten, ein genüssliches Leben führen und dabei ständig von der weiten Welt träumen.

Koper und Piran

Die venezianisch angehauchte Altstadt von Koper, das ab dem sechsten Jahrhundert bis ins 18. Jahrhundert Bischofssitz war und es heutzutage wieder ist, steht in starkem Kontrast zu den Neubausiedlungen auf dem gegenüberliegenden Hügel von Semedela. Man unternimmt fast alles, um den alten Stadtkern wieder zu beleben; eine Universität wurde gegründet, man versucht, die Altstadt durch die zugezogene Intelligenzija zu neuem Leben zu erwecken, mit Studenten und Tourismus. Man hat Palmen gepflanzt, deren Wurzeln im Winter geheizt werden, weil sie ansonsten nicht überleben würden. Man hat vor der Stadt Škocjanski zatok geschaffen, ein Feuchtgebiet, das nun Brutstätte für viele Vogelarten und ein Paradies für Vogelliebhaber ist. Man hat den alten Prätorpalast mit prächtigen venezianischen Lüstern renoviert und herausgeputzt und das Herz von Koper, den Hauptplatz, der noch immer den Namen von Josip Broz Tito trägt, mit der Loggia-Bar, dem Stadttheater, der wunderbaren Kathedrale, dem Kirchturm und der Stadtgalerie aufgehübscht.

Trotzdem kann man noch immer fühlen, dass die charaktervolle Altstadt, in der vor Jahrhunderten der große Maler Vittorio Carpaccio und sein Sohn Benedetto, ebenfalls Maler, gelebt haben, wo Pier Paolo Vergerio der Jüngere als protestantischer italienischer Kirchreformator tätig war, mit ihren engen Gassen und verborgenen Innenhöfen und der funktionalistisch gebaute moderne Teil in ständigem Widerstreit stehen. Das venezianische Capodistria und das rote Koper der Partisanenfamilien, die aus allen Ecken und Enden nach 1950 hierherzogen, um im Hafen und in den Fabriken zu arbeiten, die später meist eingegangen sind. Es ist eine typische zweisprachige Gegend mit zahlreichen Paradoxien und Gegensätzen. Man kann die schönen, oft auch heruntergekommenen venezianischen Häuser bewundern, oder wenigstens die alten Schornsteine, gebaut, um der starken Bora standzuhalten, lebt dann aber doch lieber in den Neubauten außerhalb des alten Stadtkerns.

Man hat es nicht nur mit zwei Städten in einer zu tun, die nicht wirklich zusammenwachsen wollen, sondern auch mit wenigstens zwei Identitäten, die nicht notwendig national, als italienisch oder slowenisch, lesbar sind. Wenn es eine Identität der Bewohner von Koper gibt, dann ist sie eher im Stil Marko Breceljs zu verstehen, eines absurdistischen Aktionskünstlers, der sein Studio, eine einzigartige Rumpelkammer voller provokativer künstlerischer Raritäten, in der Altstadt von Koper hat. Schon vor Jahren hat Marko die Glocken des Domes in einer Kunstaktion zusammengebunden, um seine antiklerikalen Ansichten auch durch den Entzug des Kirchenläutens zu demonstrieren. Man kann in diese Widersprüche und in die maritime Geschichte von Koper auch in zwei bis zum Rand vollgestopften alten Häusern im Zentrum der Altstadt eintauchen, in das faszinierende Depot eines Antiquitätenhändlers ohne offiziellen Laden, zu dem man nur durch Herumfragen gelangt. Ich habe mich einmal in dem Labyrinth der zwei Häuser in eine alte Matrosenkiste verliebt. Wir trugen sie später durch die Fußgängergassen der Altstadt, und es kam mir vor, als trüge ich in der alten Truhe das Gespenst der Geschichte, die Koper geschaffen hat.

Durch die Verlegung der Küstenhauptstraße hat Koper Strand und Parkanlagen dazugewonnen. So wurde Izola sehr gut mit dem Rad oder zu Fuß erreichbar. Izola selbst befindet sich im Umschwung. Die Werft, auf der bis ins 21. Jahrhundert Schiffe gebaut und repariert worden sind, wurde geschlossen, dafür entstanden Hotels. Der Druck des Tourismus ist ein wenig sanfter als in Piran und der Druck des Kapitals ein wenig behutsamer als in Koper. Fischindustrie gibt es in Izola noch immer, obwohl sich das Städtchen zunehmend als Wohn- und Tourismusort versteht. Hier ist auch eine der Stationen der ehemaligen Schmalspurstrecke Parenzana zu besichtigen, die Triest mit Poreč/Porenzo in Kroatien verband und auf der ein bezaubernder Radweg entstand. Heute beherbergt die Station das Parenzana-Museum Izola.

Der Küstenstreifen zwischen Izola und Piran ist für mich das Schönste, was das slowenische Meer hergeben kann. Im Hinterland schlängelt man sich auf einer Regionalstraße entlang, immer wieder hat es den Anschein, als wäre man in der Toskana, alte Pinienalleen und istrische Hügellandschaften tun sich auf. Die Küste ist dagegen rau, ein steiles Kliff ragt auf, mit dem Beli križ, dem weißen Kreuz, das über der nördlichsten Bucht des Mittelmeeres wacht. Von dort bis nach Strunjan, wo man noch einige verlassene Salinenfelder vorfindet, ist es nicht weit, und man kann bis nach Piran laufen. Beli križ ist ein magischer Ort mit seinem 500 Jahre alten Steinkreuz, das ab und zu nicht nur für Hippiepartys in der Umgebung sorgt, sondern auch fraglichen Kunstaktionen dient. Der Fotograf Goran Bertok kleidete das Steinkreuz (freilich ohne Genehmigung) in brennbares Material und zündete es an. Man sagt, das in Flammen stehende Kreuz habe bis nach Italien geleuchtet. Die katholische Kirche musste nach der Aktion das arme Kreuz von Neuem weihen. Mit dem wilden Hinterland, das ein paar Kilometer jenseits der Küste anfängt, bildet es das Herzstück der Küste, die schon hinter der nächsten Bucht nach Piran und Portorož übergeht.

Piran und Portorož sind wie Yin und Yang. Piran ist voller Melancholie. Man kann nicht umhin, man muss sich in das Städtchen, das der bronzene Erzengel Michael auf der Kirchturmspitze beschützt, verlieben. Wenn sich der Engel Richtung Piran dreht, bedeutet das, dass ein Südwind Regenwetter bringt. Wenn er Richtung Triest schaut, heißt das, dass die Bora weht und gutes Wetter angesagt ist. Piran ist gleich weit vom Triglav und von Venedig entfernt, das kann man hier sehr gut fühlen. Es ist eine Schnittstelle, ein Traum, vor allem, wenn man in kalten Wintermonaten hierherkommt, wenn alle Touristen und Wochenendausflügler geflüchtet sind und nur hier und da ein Lokal, ganz leer, auf erste Kunden wartet. Piran zeigt die Schönheit der Melancholie mit seinen abgewetzten Steintreppen ins Minoritenkloster und dessen wunderbarem Innenhof mit Kreuzgang. Man schlendert durch die engen, mit fauligem Geruch gefüllten Gassen der Altstadt oder über den hinter der Stadtmauer gelegenen Friedhof, den der Schriftsteller Ciril Kosmač in seinem Werk *Tantadruj* als magischen, schicksalhaften Ort beschrieb.

Der Spaziergang von Piran nach Portorož führt dann gleich in eine andere Realität. Moderne Hotels, Restaurants, Beachpartys, Casinos. Entfremdet, pragmatisch-praktisch, so nah und doch zugleich so fern liegt Portorož von Piran. Auch verändert sich Portorož schneller als der Rest der Küste. Das Angebot steigt. Ein historisches Erkennungszeichen von Portorož, der »Rosenhafen« – und zugleich wohl das luxuriöseste Hotel des Landes, das Palace Hotel – wird von einer Unmenge kleiner Läden, Bars und Restaurants umgeben, die alle drei Jahre die Eigentümer wechseln. Es finden sich öffentliche und Hotelbäder, in denen man auch im Winter in angewärmtem Meerwasser herumplätschern kann.

Läuft man die Küste entlang Richtung Lucija und zum kleinen Jachthafen von Portorož, wird es einem mulmig ums Herz, man fühlt, dass dieser Teil der Küste der Verwaltung und dem Pragmatismus geopfert wurde und nicht mehr viel von dem einst italienischen Salinendorf der Santa Luzia geblieben ist.

Aber danach erwartet uns ein schönes Finale, das nichts weniger darstellt als den Übergang in die restlichen Weiten des Mittelmeerraumes. Zuerst windet sich die Küste zu einer hügeligen Parkanlage hinauf, in der in den letzten sechzig Jahren durch die regelmäßige Zusammenkunft von Bildhauern eine einzigartige Ausstellung von Skulpturen im öffentlichen Raum geschaffen wurde, sie werden »Forma Viva« genannt. Hier findet man in istrischen Stein gehauene Skulpturen, die von Stille umgeben sind und den fantastischen Ausblick über die Bucht von Piran untermalen. Weitere Forma Vivas trifft man in Kostanjevica na Krki an, wo alle Kunstobjekte aus Holz gemacht sind, und in Ravne na Koroškem, wo die Kunstwerke aus Eisen geschaffen werden.

Der slowenische Teil des Küstenstreifens endet in Sečovlje mit dem einzigen noch bebauten Salinenfeld weit und breit. Man kann das dortige Salzmuseum besuchen oder noch lieber über die engen Kanäle zwischen den Salinenfeldern flanieren, das Salz und die trockenen Gräser bewundern, die, vom Wind und der Zeit gebeugt, viel über die Seelenzustände ihrer Betrachter verraten.

Lendava und Murska Sobota

Das Städtchen Lendava an der slowenisch-ungarischen Grenze ist ein Exempel an Multikulturalität. Manch einer legt hier einen Stopp ein, um vom Aussichtsturm Vinarium gleich in vier europäische Staaten zu blicken oder im denkbar kitschigsten italienischen Restaurant des Landes, Bella Venezia, zu dinieren, in dem man Marmorbüsten von Mussolini mit denen von römischen Kaisern mischt und auch gleich noch eine Harley-Davidson-Sammlung um sich hat. Oder man verspeist einen Esterhazy-Kuchen im Kulturzentrum, einem faszinierenden Bauwerk des Architekten Imre Makovecs, mitten im Zentrum.

Der wahrscheinlich beste Grund hierherzufahren ist aber die reiche jüdische Vergangenheit des Städtchens. Neben Maribor steht hier die zweite Synagoge des Landes, die heute als Gedenkzentrum und Holocaustmuseum an die Pogrome und die Ermordung der Lendavaer und Prekmurjer Juden erinnert. Nicht zu verfehlen ist auch der alte jüdische Friedhof, neben dem Friedhof in Nova Gorica der zweite erhaltene im Land. Lendava hat eine faszinierende Geschichte, besonders wenn man die Größe des Städtchens bedenkt. Hier wurden einst die erste Zeitung Sloweniens gedruckt und Regenschirme produziert. Später wurde in der Umgebung Erdgas gefunden, es gab aber nicht viel davon, und der Betrieb wurde wieder stillgelegt. Seitdem die Fracking-Methode erfunden wurde, gibt es neue Interessen, und Umweltschützer aus der Region kämpfen hartnäckig für die Erhaltung der schönen, verschlafenen Landschaft um die Grenzstadt.

Auch die Hauptstadt von Prekmurje, Murska Sobota, hat eine jüdische Vergangenheit, von der aber außer im dortigen Museum nicht viel zu sehen ist. Die Synagoge von Murska Sobota wurde nach dem gewaltsamen Transport der jüdischen Bevölkerung in nationalsozialistische Konzentrationslager, vor allem nach Auschwitz, von den kommunistischen Machthabern zerstört, sie besteht aber weiterhin in der Imagination mancher Bewohner und findet sich in den Werken von Schriftstellern wie Dušan Šarotar und Feri Lainšček. Murska Sobota ist eine in Langsamkeit und Melancholie geübte Stadt, in der die Besucher des im Stadtschloss gelegenen Museums sich meist nur kurz umschauen, bevor sie sich auf den Weg zu den vielen Kurbädern der Region machen oder das monumentale Siegesdenkmal mit Lenins Medaille besuchen. Man sieht anderswo in Slowenien kaum sowjetische Insignien, ist die Rote Armee 1945 doch nur bis zum Fluss Mura vorgedrungen, und drei Jahre später folgte das Zerwürfnis zwischen Tito und Stalin. Heutzutage klebt an den Bewohnern von Murska Sobota, berühmt für ihre offene und schlichte Gastfreundschaft, das Etikett, dass sie Fans von Fußball, von Motorrädern und von Heavy Metal sind.

Velenje und Nova Gorica

Was haben Velenje und Nova Gorica gemeinsam – außer dass sie jenseits der herkömmlichen Destinationen touristischer Anbieter liegen? Es sind sehr eigene Städte, beide nach 1945 per kommunistischem Dekret am Reißbrett hochgezogen, und in beiden zeigen sich ähnliche Stadtplanungsideen. Mein Freund Ivo aus Velenje erzählte mir, dass er neulich beschwipst nachts durch Nova Gorica herumirrte und bald darauf kam, dass er sich wie zu Hause in Velenje fühlte, ist doch die Lage der Apotheken, Shoppingzentren und kleinen Kioske in seinen Augen völlig identisch. Beide Städte stehen in einem anderen Bezug zur Geschichte als der Rest Sloweniens. In beiden Fällen treffen wir auf sozialistische Hochhäuser (Velenje stellte sich eins davon auch ins Stadtwappen), wir sehen die Insignien der kommunistischen Vergangenheit inmitten einer traumhaften Hügellandschaft, eine Kulisse, durch die sich eine gewisse Leere, aber auch etwas Befreiendes zieht. Hier enden die Parallelen zwischen den zwei Städten aber auch schon.

Velenje ist eine Industriestadt, groß geworden durch unseren Hunger nach Strom. Die von gewaltigem Lignit-Abbau unterwanderte Stadt füttert seit einem halben Jahrhundert das slowenische Energieversorgungssystem. Jede dritte Glühbirne in Slowenien glüht mit Strom, der in Velenje gewonnen wurde. Menschen zog es von überall hierher, um in den 1950ern Geld zu verdienen, von niederländischen Ingenieuren über bosnische Bergbauarbeiter bis hin zum Kellner aus Medjimurje stammte eigentlich niemand gebürtig von hier. Über Jahrzehnte genügte es nicht, bloß die eigene Arbeit zu verrichten; man war gezwungen, auch freiwillige Arbeit beim Aufbau der sozialistischen Stadt zu leisten, um eine größere Wohnung zu bekommen, einen Platz in der neuen Krippe, einen besseren Job. Das hat die Menschen geformt. Ihre ein wenig schroffe, aber zugleich ehrliche, direkte Umgangsart kommt von harter Arbeit.

Man ist stolz auf den ehemaligen Namen der Stadt: Titos Velenje, der nach der Selbstständigkeit verkürzt wurde. Man ist stolz auf die größte Bronzestatue Titos, die je gegossen wurde und noch immer auf dem Hauptplatz steht. Man ist stolz auf Gorenje, das riesige Vorzeigeunternehmen für Haustechnik, das 2018 vom chinesischen Giganten Hisense gekauft wurde. Und man ist stolz auf TEŠ 6, den für 1,7 Milliarden Euro im Jahr 2014 errichteten, bisher teuersten Bau aller Zeiten in Slowenien, teurer als der Burj Khalifa. TEŠ 6 ist ein Kohlekraftwerk, das man jetzt wegen der ökologischen Wende wieder schließen will. Man ist stolz auf den Max-Musikklub, auf das Pika-Festival für Kinder und auf die Kunigunda, ein Jugendfestival. Man ist stolz darauf, dass man von künstlichen Seen umgeben ist, ein wunderbares Museum zum Kohleabbau hat. Die Stadt erinnert sich gern daran, wie der kommunistische Führer sie oft besuchte und dass angeblich einmal bei einem der

Besuche seiner Frau Jovanka ein Collier gestohlen wurde, was die beiden aber gelassen hinnahmen.

Der Grund, nach dem Krieg Nova Gorica zu bauen, war kein ökonomischer, es war ein geostrategischer. So wie Triest fiel nach internationalen Verhandlungen auch das alte Gorica/Gorizia an Italien. Auf slowenischer Seite ließ man die Felder, den Friedhof und den alten Bahnhof. Im Politbüro wurde der Entschluss gefasst, dass man die jugoslawische Position an der Grenze stärken müsse, also baute man eine zweite Stadt Gorica, für das stadtplanerische Konzept wurde der Schüler Le Corbusiers und Plečniks, Edvard Ravnikar, ausgesucht. Mit jugendlich-sozialistischen Baubrigaden und viel politischem Willen wurden die ersten Wohnblocks auf einem zuvor sumpfigen Gebiet hochgezogen. Die heutige Grünfläche vor dem Rathaus im Stadtzentrum von Nova Gorica ist der einstige Friedhof, dessen Gräber umgebettet wurden. Es ist eigentlich eine klassische europäische Geschichte: einst mit Stacheldraht geteilte Städte, die vor allem seit dem Beitritt Sloweniens zur EU vieles daransetzen, wieder eine zu werden. Hoffentlich erfahren die zwei Goricas einen großen Schub beim Grenzüberschreiten und Zusammenwachsen im Jahr 2025, wenn Nova Gorica europäische Kulturhauptstadt sein wird – als zweite slowenische Stadt nach Maribor 2012.

An Nova Gorica klebt das Vorurteil, das »Las Vegas Sloweniens« zu sein. Tatsächlich wurde in den letzten Jahrzehnten die Nähe zum spielbesessenen Italien ausgenutzt, und Casinos, Slotmaschinenhöllen, Vergnügungshotels und was dazu passt schossen aus dem Boden. Doch das slowenische Gorica bietet mehr. Mit seinem Theater, der jungen Universität und der Anbindung ans Hinterland, vor allem in das Gebiet um das Sočatal, nach Vipava, Kras und Goriška

Brda, ist es eine junge Stadt, in der sehr viel möglich ist. Für Ernest Hemingway, der im Ersten Weltkrieg hier stationiert war und über seine Kriegserfahrungen den Roman *A Farewell To Arms* geschrieben hat, war das alte Goriza ein heruntergekommenes Städtchen. Für die jungen Künstler, die sich ums Kinoatelje, um das Theater von Nova Gorica oder anderswo sammeln, ist es eine Stadt der Hoffnung. Heute sind Gorizia und Nova Gorica eine Stadt – in zwei Ländern gelegen –, mit einer untrennbar verknüpften Zukunft, toller Gastronomie und ideal positioniert, um Erkundungsausflüge in die Umgebung zu unternehmen.

Tolmin und Kobarid

Tolmin und Kobarid liegen nur sechzehn Kilometer voneinander entfernt, im Sočatal am südlichen Alpenkamm. Von Ljubljana aus gesehen ist es das Ende der Welt. Oder der Anfang. Man sagt, dort leben noch die Nachfahren der Kelten. Über dem Friedhof von Tolmin ragte einst eine altslawische Akropolis auf, und die Nachfahren der dort Begrabenen sind verbissen, eigensinnig, dörflich – und aufs Engste miteinander verbunden; vielleicht nirgends so eng wie in den Tälern um Kobarid und Tolmin. Dort haben sich auch die Reste von vorchristlichen Überlieferungen und Glauben erhalten, man kann sie als Funde aus der Eisenzeit im Museum von Tolmin bewundern oder auch in den Traditionen der Fastnacht von Drežnica erleben.

Die tollsten Instagram-Fotos, auch das Cover zu diesem Buch, stammen aus den Tälern der Flüsse Soča und Tolminka, aus den hohen, wilden Bergen hinter dem Kozlov rob, Krn oder Matajur. Es ist ein Wasserreich mit vielen angeblich heilenden Quellen. Die helfen den Menschen –

und dem Tourismus. Trotz des wachsenden Tourismusangebots, das neben dem traditionellen Wandern, Mountainbiking oder Rafting in immer adrenalinreichere Angebote wie ins Paragliding oder Ziplining investiert, fußt die Identität der hiesigen Bewohner aber eher auf dem ruhigen, durchdringenden Blick eines Fliegenfischers an der Soča und ist in der Tiefe noch immer geprägt von den großen Bauernaufständen von 1713, bei denen von Tolmin ausgehend die ganze Region gegen neue Steuern und die Ausbeutung der Bauern rebellierte. Im 20. Jahrhundert gab es dann hier im Untergrund zahlreiche antifaschistische Gruppen, die sich dem späteren Partisanenkampf anschlossen. Man versteht sich als eigen – und jede Art von Herrschaft, die nicht aus den eigenen Reihen kommt, wird nur ungern bis gar nicht geduldet. Dafür kommen viele führende Persönlichkeiten aus dieser Gegend.

Einmal saß ich in einem lokalen Gasthaus in Ljubljana, ein Freund führte eine Gesellschaft zu uns, sie bestand aus dem Direktor der Nationalbibliothek, dem Präsidenten der Akademie der Wissenschaften und einem ehemaligen Parlamentsvorsitzenden und Kultusminister, die alle aus Dörfern in zwei Tälern rund um Tolmin stammten und sich über die Riesenunterschiede zwischen ihnen unterhielten. Wir sprachen auch über Hiša Franko von Ana Roš und Valter Kramar, eins der besten Restaurants der Welt. Wir erinnerten uns daran, wie das Gasthaus noch vor seinem Weltruhm ausgesehen hatte, in einer abgeschiedenen Ecke der Welt bei Kobarid gelegen, in einer Gegend, die sich viele Jahrhunderte mit Schmuggelware über Wasser gehalten hatte. Im sehr schön gestalteten Kochbuch von Ana Roš, *Sun and Rain*, das auch viel über die Gegend verrät, wird über die Rivalität von Kobarid und Tolmin Folgendes gesagt: »Wenn sich ein Mädchen aus Tolmin in einen Mann aus Kobarid verliebt und dort hinzieht, ist das fast schon Grund genug für einen neuen Balkankrieg.«

Es sind aber nicht die Spuren der Balkankriege, sondern die der schlimmsten Fronten des Ersten Weltkriegs, die bis zur entscheidenden zwölften Isonzo-Schlacht in den umliegenden Bergen und Tälern verlief, die sich hier als Narben eingegraben haben wie eine weithin sichtbare Metapher für die selbstzerstörerische Kraft des Menschen. Die unglaubliche Schönheit der Natur zeigt zugleich die Spuren der Zerstörung. Überall findet man Gräber. Das deutsche Gebeinhaus mit den sterblichen Überresten von 956 gefallenen deutschen Soldaten bei Tolmin oder das italienische Beinhaus mit den Überresten von 7014 gefallenen Soldaten bei Kobarid, das 1938 von Mussolini eröffnet wurde, wobei um ein Haar ein Attentat auf ihn gelungen wäre. Die Berge sind hier durchlöchert wie Käse, mit Gräben, Bunkern und anderen Spuren menschlichen Unsinns. In Kobarid gibt es ein eindrucksvolles Museum der Isonzo-Front. Tolmin wurde während der Kriegszeit unter anderem im Skizzenbuch von Oskar Kokoschka festgehalten, der als Soldat und Kriegsmaler im Juni 1916 an der Isonzo-Front war. Heute sind Wanderwege unter dem Slogan »Wege des Friedens« auf den Spuren der Frontlinie eingerichtet. Wenn man von der Wanderung zurückkommt, kann man sich den beim Filmfestival in Venedig mit dem Goldenen Löwen ausgezeichneten Film *Kruh in Mleko (Brot und Milch)* vom Regisseur Jan Cvitkovič anschauen, ein erschütterndes Sozialporträt von Tolmin Ende der 1990er. Zwanzig Jahre später, 2016, wurde die Stadt mit dem Titel »Alpenstadt des Jahres« geehrt.

Novo mesto und Kočevje

Das New York Sloweniens – nicht wegen der Wolkenkratzer, die gibt es in Novo mesto nicht, sondern weil es schon 650 Jahre lang als »neu« bezeichnet wird. Das slowenische Rom – weil es von sieben Hügeln umgeben ist. Das Venedig an der Krka. Und das blühende Hallstatt der Region Dolenjska – aufgrund der europaweit wichtigen archäologischen Funde aus der späten Eisenzeit. Man merkt bald, dass man im Vergleich mit der eher spartanischen Ausdrucksweise der nördlicheren Region Gorenjska in der Hauptstadt der südlichen beziehungsweise unteren Dolenjska-Region hier an nichts spart. Es ist eine träumerische Gegend, charakterisiert von Burgen und Klöstern, mit sanften Hügeln und dem langsam vor sich hin fließenden Fluss Krka. An einer seiner Schleifen wurde Novo mesto gegründet, fast 500 Jahre lang umgeben von einer Abwehrmauer, strategisch positioniert gegen die Türkeneinfälle.

Auch wenn man kein Wort Slowenisch kann, wird man die sanfte, weiche Melodie des hiesigen Dialekts sofort erkennen. Im Gegensatz zu fast allen anderen slowenischen Regionen blieb er verschont von den Reibereien mit den Nachbarsprachen und gilt als Versuchslabor fürs Slowenische. Aus dieser Region stammte Primož Trubar, ein protestantischer Pfarrer und der Vater des slowenischen Buchwesens; auch zahlreiche Dichter kommen von hier. Zwei Künstler sollte man unbedingt nennen. Der eine, Janez Trdina, hat im 19. Jahrhundert wie kein anderer die Mentalität der hiesigen Menschen auf anthropologisch genaue Weise festgehalten. Eine Art Lichtenberg Sloweniens beziehungsweise der Homer aus dem Gorjanci-Gebirge, so hat er über die Menschen um Novo mesto, die ihn faszinierten, auch sehr scharf geurteilt: »Hier mögen es die Leute nicht, zu Fuß zu gehen, deshalb sind die Straßen leer und ohne Reisende. Auf einem Pilgerweg, zum Markttag oder zum Kirchtag brechen sie oft noch zu Fuß auf, aber nur, weil man in Gesellschaft ist und man sich unterwegs einen Trank erhofft, auch wenn man keinen Groschen hat, man ist sich sicher, dass es einem ja Bekannte und Freunde bezahlen werden.« Der zweite war der Maler Božidar Jakac, dessen weich geschwungene Gemälde und Zeichnungen in Novo mesto und in Kostanjevica zu besichtigen sind und wunderbar in die regionalen Sensibilitäten einführen.

Heute ist Novo mesto durch Lebenskultur und Industrie gekennzeichnet. Es ist ein idealer Ort, um die Zeit im langsamen Rhythmus der Krka an sich vorbeiziehen zu sehen, mit seinem Avantgardetheater, der Jazzkultur, den vielen nahe gelegenen Thermalbädern, zahlreichen Ausflugsmöglichkeiten und der Zidanica-Kultur, den kleinen Weinberghäuschen auf den Hängen um die Stadt, wo Quellwasser und der Cviček-Wein im Überfluss fließen.

Von Novo mesto aus kommt man in zwei der touristisch am wenigsten erschlossenen Regionen Sloweniens, nach Bela Krajina und Notranjska. Man fährt durch zauberhaft schöne, von Gott und der Welt vergessene Dörfer, durch tiefe Wälder, in denen im Zweiten Weltkrieg die Partisanen ihre ersten Stützpunkte und ihr befreites Territorium aufbauten, so zum Beispiel die zuvor erwähnte Baza 20, heute ein Museum tief im Wald. Oder man durchstreift die Urwälder um Kočevje, besichtigt den nahe gelegenen See von Kočevje und die Naturhöhlen Željnske jame, unter ihnen auch einer der größten Natureisstollen des Landes, Ledena jama na Stojni. Für die Besichtigung braucht man aber eine Höhlenausrüstung.

Die am Fluss Rinža gelegene Stadt Kočevje erlebt in den letzten Jahren eine kleine Renaissance, mit japanischen Investitionen in der Industrie und einer wieder aufgenommenen Bahnverbindung nach Ljubljana. Von hier aus ist es nur noch ein Katzensprung an die Kolpa, den Grenzfluss zu Kroatien, wo man den Urlaub verbringen und im Sommer herrlich baden kann. Aber seit 2018 nicht mehr überall. Das Ufer zum Fluss, der immer ein Fluss der Verbundenheit der Menschen auf beiden Seiten war, wurde auf weiten Strecken aus Furcht vor illegaler Migration abgezäunt – in meinen Augen eine Schande für das Land und für Europa.

Kamnik und Slovenj Gradec

Wo sich heute am Fuß der Alpen die Altstadt von Kamnik erstreckt, soll nach alter Überlieferung einmal ein See gewesen sein, der um das Jahr 1320 um drei Uhr nachmittags einfach verschwand. Auch wenn das nicht stimmen sollte, es sagt doch viel über die Einfallskunst und die Kräfte der umliegenden Natur aus, die die tüchtigen Bürger von Kamnik in den letzten Jahrzehnten zu einem auf Ökotourismus getrimmten Lebensraum entwickelt haben. Das historische Zentrum von Kamnik ist etwas Besonderes, mit seinem ehemaligen Ursulinenkloster, das zu einem Hotel umgewandelt wurde, und dem Franziskanerkloster mit einer wunderbaren, von Plečnik gestalteten Kapelle sowie einer der wichtigsten Bibliotheken alter Bücher (über 7000 Bände, die hier in den Regalen stehen, wurden vor 1800 gedruckt), mit den zwei Burgen, der herausgeputzten Altstadt mit ihren Sommerfesten, unter anderem dem Kamfest und einer lebendigen Straßentheaterszene. Rundherum aber gibt es wunderbare Natur, die touristische

Möglichkeiten auf höchstem Niveau bietet. Vom Tal des türkisfarbenen Flusses Kamniška Bistrica über das herrliche, sich auf 85 Hektar erstreckende Arboretum in Volčji Potok vor Kamnik, mit über tausend Rosensorten, über zwei Millionen Tulpen und einem Golfplatz obendrauf. Oder mit Öko-Kneipp-Produkten im Spa-Resort Smlednik, mit Aurazeichnen im Naturheilpark Tunjice und nicht zuletzt mit Glamping – *glamorous camping* – zwischen den Kühen und Hirten auf der nahe gelegenen Velika-planina-Alm, die mit einer Gondel gut erreichbar ist, auch ohne ins Schwitzen zu geraten. Der Flughafen Brnik ist nahe, und die Sonne scheint angeblich sonniger auf der Kamniker Seite der Alpen.

Auch Slovenj Gradec soll in der Volksüberlieferung dort gegründet worden sein, wo einmal ein See war. Die Tradition des Kunsthandwerks zieht sich durch die Geschichte der Hauptstadt der Koroška-Region – wenigstens des kleinen Teils, der nach der Volksabstimmung von 1920 im damaligen Königreich der Serben, Kroaten und Slowenen verblieb. Die Stadt liegt am Rande des Flusses Misljina, in einer Gegend, in der man schon im 12. Jahrhundert Silbertaler schmiedete und die umliegenden Berge reich an Blei und Zink sind, was die nahe liegenden Städte Ravne, Mežica und Prevalje wichtig für die Metallindustrie gemacht hat. Zumal war Prevalje im 19. Jahrhundert, als der Schienenbau expandierte, der größte Hersteller von Bahngleisen in der ehemaligen österreichisch-ungarischen Monarchie. Es ist der in sich gekehrte, reservierte Blick der hiesigen Menschen, der zusammen mit der aufwendigsten Handarbeit und Träumen aller Art dem groben Material zu ungeahnten Lebensformen verhilft. Man sieht es überall in der Stadt und in der Region an Kunstwerken im öffentlichen Raum. Ein ausgeformtes, oft zutiefst tragisches Kunstgefühl kann man aber auch an den Plastiken in der Kirche auf der Spitze des Uršlja-gora-Berges oder unter den eigenen Füßen beim Begehen der Kirche von St. Georg ablesen, wo einen durch Glas alte slawische Gräber anschauen. Oder man bewundert die Kunstfertigkeit in den Fresken der Spitalkirche des Heiligen Geistes, den Barockmalereien der Künstlerfamilie Strauss und in den Werken von vielen zeitgenössischen Bildhauern, Malern und Fotografen, die von hier stammen. Es verwundert deshalb nicht, dass das Hauptzentrum von Slovenj Gradec eine herausragende Galerie ist, Galerija likovnih umetnosti, wo man unbedingt in die einzigartige, oft sehr dunkle Welt des autodidaktischen Malers und Obduktionsgehilfen Jože Tisnikar eintauchen sollte – ein Muss, genau wie der Besuch im Haus des Komponisten Hugo Wolf, der hier geboren wurde. Von hier stammt auch die weltweit berühmte Fotografin Inge Morath. Die Stadt, die Anfang des 20. Jahrhunderts von starken deutsch-slowenischen nationalistischen Auseinandersetzungen gekennzeichnet wurde, trägt seit 1989 den von den Vereinten Nationen verliehenen Titel »Stadt des Friedens«.

Bled und Škofja Loka

Bled braucht man eigentlich nicht vorzustellen. Das weltberühmte Instagram-Alpenpanorama mit Schloss, idyllischem See und der einzigen Insel Sloweniens mit Kirche und Glockenschlag ist der Inbegriff der slowenischen Tourismuswerbung. Umrandet ist der See von schönen Jagdvillen, in denen einst König Aleksander Karadžordžević und Tito Sekt tranken und Wild gegessen haben, und mit alten und neuen Hotels. In der nahen Umgebung, vor allem im Nationalpark Triglav, kann man vieles unternehmen, vom Skifahren bis zum Sommerrodeln, bevor man sich in Bled mit einer Cremeschnitte zu neuem Leben hochzuckert.

Es ist aus Ljubljanaer Sicht der ideale Ort für einen Tagesausflug. An Wochenenden im Frühjahr und Herbst drängeln sich an der Uferpromenade neben Touristen auch sehr viele HauptstadtbewohnerInnen, es ist eine Abfolge bekannter Gesichter, die von ihren Hunden herumgeführt werden. Wahrscheinlich wissen nur die wenigsten von dem Schweizer Naturheiler und Arzt Arnold Rikli, der in der zweiten Hälfte des 19. Jahrhunderts, selbst kränkelnd, derart vom Klima in Bled angetan war, dass er hier ein heliohydrotherapeutisches Kurzentrum von europäischem Rang für Licht- und Luftbäder einrichtete. Der genüssliche Effekt der Freiluftbewegung und des Sonnenbadens bleibt den heutigen Spaziergängern um den Bleder See aber auch, ohne in lokaler Geschichte bewandert zu sein. Man ist hier genauso willkommen, wie es wohl Riklis Patienten waren. Wer den Menschenmassen entgehen will, fährt weiter an den ruhigeren Bohinj-See, wo man mit weniger Gedränge auch den Savica-Wasserfall besichtigen kann – am besten im Frühjahr, wenn der Fluss viel Wasser führt. Man kann in Bohinjska Bistrica einen kräftigen Eintopf essen, mit lokaler Wurst, und danach einen Kaiserschmarrn.

Denkt man an Škofja Loka, kommen einem zwei Dinge in den Sinn. Zunächst einmal ist sie eine der atmosphärisch schönsten Städte mit mittelalterlichem Kern in Slowenien. Zum Zweiten ist da die Škofjeloski-Passion, der Passionsweg von Škofja Loka, ein 1715 entstandenes Skript für eine öffentliche Aufführung, ein slowenischer Text, der damit auch das älteste europäische Regiebuch sein dürfte, was in einem Eintrag in das UNESCO-Welterbe-Verzeichnis gipfelte. Eigentlich handelt es sich um eine religiöse Prozession, die durch drei Jahrhunderte zu einem lokalen Schauspiel avancierte, mit Hunderten von Akteuren, einer komplexen Produktionsleitung und mit großem Marketingaufwand. Das Passionsspektakel findet deswegen zwar nur ein- oder zweimal im Jahrzehnt statt, mobilisiert in der Stadt und ihrer Umgebung aber immer wieder ungeheure Kräfte. Wen wird der Regisseur diesmal als Hauptdarsteller auswählen? Wer wird Jesu sein und wer ein Engel? In den restlichen Jahren, in denen keine Passionsspiele abgehalten werden, geben sich die Bewohner von Škofja Loka eher gelassen. Eigentlich ist es eine Stadt, die nicht wirklich vom Tourismus erfasst wurde, obwohl sie alle Voraussetzungen dafür hätte. Viele versuchen ihr Glück in der Kunst, wie zum Beispiel die fabelhaften jüngeren Maler Tina Dobrajc oder Mito Gegić, oder im Kunsthandwerk, wo man an eine reiche Geschichte der Hutproduktion anschließen oder sich in der Fertigkeit üben kann, das leckere Zuckerbrot, die *kruhki* von Škafja Loka, zu backen.

Trst/Triest und Celovec/Klagenfurt

Wenigstens zwei Städte außerhalb Sloweniens dürfen an dieser Stelle nicht unerwähnt bleiben. Beide wurden schon in der *Gebrauchsanweisung für Italien* beziehungsweise der für Österreich behandelt, waren und sind nach wie vor aber auch extrem wichtig für die slowenische Geschichte und das slowenische Selbstempfinden. Wenn man einen Abstecher in Richtung Triest oder Klagenfurt macht, kann man das Faktum nicht umgehen, dass diese zwei Städte mit der slowenischen Kultur sehr eng verbunden sind. Oft aber erscheint ihre Beziehung furchtbar verschlungen.

Triest, so wie wir die Stadt heute kennen, war eine Geburt aus dem Schoß der K.-u.-k.-Monarchie. Sie entstand als internationaler Freihandelshafen und besaß immer eine ausgesprochen eigene Mentalität. Zugleich war sie im 20. Jahrhundert eine der umstrittensten und umkämpftesten Städte in diesem Teil Europas, ein Schlachtfeld der Ideologien, was bis heute fortgeführt wird. Man kann es ganz einfach an den verschiedenen Interpretationen der

Geschichte ablesen, wenn man bei Wikipedia die italienische, slowenische und deutschsprachige Seite für Trieste/Trst/Triest aufruft. Vor dem Ersten Weltkrieg lebten in Triest mehr Slowenen als im damaligen Ljubljana. Und Triest ist nach wie vor umgeben von mindestens zweisprachigen, oft überwiegend slowenischsprachigen Dörfern. Die auf Deutsch schreibende schweizerische Schriftstellerin ungarisch-slowakisch-slowenischer Herkunft Ilma Rakusa, die ihre Kindheit in Triest verbrachte, schreibt über die Stadt: »Triest ist Oxymoron: glückliche Trauer, trauriges Glück.« Man soll bei der Erkundung nicht nur das Vorzeige-Triest der Jahrhundertwende, das von Schriftstellergrößen wie James Joyce und Umberto Saba, von Srečko Kosovel und Scipio Slataper besungen wurde, vor Augen haben, nicht nur das Triest der Wunden des 20. Jahrhunderts, wie Boris Pahor und Fulvio Tomizza es schildern, sondern auch das neuere, von Triester Schriftstellern wie Claudio Magris, Veit Heinichen oder Marko Sosič beschriebene.

Im Jahr 2020 kam es zu einem wichtigen Symbolakt. Genau hundert Jahre, nachdem die Faschisten das gegenüber der Piazza Oberdan gelegene kulturelle Zentrum der hiesigen Slowenen, Narodni dom, niedergebrannt hatten, wurde der Bau in einem staatlichen Aussöhnungsakt an die slowenische Gemeinde zurückgegeben. Ein Grund mehr, Triest und dessen viele Grenzen und Gesichter neu zu entdecken.

Südkärnten ist für das historische Bewusstsein der Slowenen ein geradezu heiliges Territorium. Hier entstand der erste karantanische Staat, von hier, aus Freisung, stammen die ersten altslowenischen Schriftzeugnisse. In Celovec lebte eine Zeit lang der wichtigste slowenische Nationaldichter der Romantik, France Prešeren. Nach dem Ersten Weltkrieg kam es zur Volksabstimmung, und dieser Teil Kärntens fiel an Österreich. Für die slowenischsprachige Minderheit brachen furchtbare Zeiten an, die erst in den letzten Jahren, nachdem der Ortstafelstreit beigelegt wurde, an Spannung verloren haben. Die Kärntner Slowenen bewohnen zwar vor allem ländliche Gegenden in Südkärnten, betrachten aber zu Recht Klagenfurt/Celovec als ihr historisches Zentrum. Man lese *Wunschloses Unglück* oder *Nie mehr Sturm* von Peter Handke, *Der Zögling Tjaž* von Florjan Lipuš oder *Engel des Vergessens* von Maja Haderlap und tauche ein in eine Stadt voller Widersprüche, Schmerz und Schönheit.

Anstelle eines Endes, weil es ja kein Ende geben kann

Ich habe ausländische Freunde, die in Slowenien leben, gefragt, was ihnen hier gefällt und was sie am Land überhaupt nicht mögen. Hier einige der Antworten:

N. aus Deutschland:

Ich habe bald gemerkt, dass es hier kein Ressentiment gegenüber Deutschen wegen des Zweiten Weltkriegs gibt. Und dass der Zebrastreifen nicht dazu da ist, um die Straße dort zu überqueren.

Ich finde es gruselig, dass ein sehr hoher Prozentsatz der Slowenen im Umkreis von fünfzig Kilometern von ihrem Geburtsort stirbt, als wäre man dort gefangen.

B. aus Südkorea:

Ich mag die perfekte Distanz zwischen Menschen. In Korea sind wir alle entweder auf ganz großer Distanz zueinander oder ganz eng, einer auf dem anderen. Die Menschen hier bewahren anfangs eine Distanz, die auch für

Asiaten gemütlich ist. Diese Distanz schmilzt mit den Jahren langsam zu einer Nähe.

Als ich hier ankam und von völlig unbekannten Menschen auf der Straße gegrüßt wurde, empfand ich das als reinen Terror. Ich wusste nicht, wie ich reagieren soll. In Korea wäre das unmöglich.

K. aus Estland:

Ich liebe die Jungfohlenschnitzel. Ich liebe sie. Und ich liebe noch etwas: das zweite Jungfohlenschnitzel und eine Flasche Teran.

Ich glaube nicht, dass die slowenischen Behörden je von Digitalisierung gehört haben.

B. aus den USA:

Ich beneide die Slowenen um ihren Stolz und ihre Hingabe an wichtige Persönlichkeiten aus der Welt der Kultur, die Dichter, Philosophen, Architekten.

Manchmal kann es in Slowenien verdammt schwierig werden, im Restaurant einen guten Salat aufzutreiben.

P. aus Frankreich:

Ich liebe Slowenien wegen seines Konformismus.

Ich hasse Slowenien wegen seines Konformismus.

Österreich
Zollfeld (Gosposvetsko po
Villach
Wörthersee
Klagenfurt
(Celovec)
Julische
Alpen
Jesenice
Triglav
Karawanken
Bled
KRAIN
Steiner
Alpen
Kobarid
Bohinjsko jezero
Tolminka
Tolmin
Kranj
Brnik
Kamnik
Italien
Cerkno
Škofja Loka
Soča
Geoss
Save
Medana
GORIŠKA BRDA
Ljubljana
Gorizia
Nova Gorica
Idrija
Slowenien
Vrhnika
Ljubljanica
Krim
Isonzo
PRIMORSKA
Vipava
Postojna
(Höhle)
Tomaj
Cerkniško jezero
Krka
KARST
Škocjan
(Höhle)
Lipica
Pivka
Trieste (Trst)
Vilenica
(Höhle)
NOTRANJSKA
Kočev
Portorož
Izola
Piran
Koper
Sečovlje
Adriatisches Meer
Rijeka
Istrien
Krk
0
10
20